U0578905

**权威·前沿·原创**

皮书系列为
"十二五""十三五"国家重点图书出版规划项目

**BLUE BOOK**

智 库 成 果 出 版 与 传 播 平 台

就业蓝皮书
**BLUE BOOK** OF EMPLOYMENT

# 2021年中国高职生就业报告

CHINESE 3-YEAR VOCATIONAL COLLEGE GRADUATES' EMPLOYMENT
ANNUAL REPORT (2021)

麦可思研究院／主　编
王伯庆　马　妍　王　丽／执行主编

社会科学文献出版社
SOCIAL SCIENCES ACADEMIC PRESS (CHINA)

图书在版编目(CIP)数据

2021年中国高职生就业报告 / 麦可思研究院主编
. -- 北京：社会科学文献出版社, 2021.6
（就业蓝皮书）
ISBN 978-7-5201-8406-9

Ⅰ. ①2… Ⅱ. ①麦… Ⅲ. ①高等职业教育-毕业生
-就业-研究报告-中国-2021 Ⅳ. ①G717.38

中国版本图书馆CIP数据核字（2021）第094263号

就业蓝皮书
# 2021年中国高职生就业报告

主　　编 / 麦可思研究院
执行主编 / 王伯庆　马　妍　王　丽

出 版 人 / 王利民
责任编辑 / 桂　芳

出　　版 / 社会科学文献出版社 · 皮书出版分社（010）59367127
　　　　　地址：北京市北三环中路甲29号院华龙大厦　邮编：100029
　　　　　网址：www.ssap.com.cn
发　　行 / 市场营销中心（010）59367081　59367083
印　　装 / 三河市东方印刷有限公司

规　　格 / 开　本：787mm × 1092mm　1/16
　　　　　印　张：13　字　数：195千字
版　　次 / 2021年6月第1版　2021年6月第1次印刷
书　　号 / ISBN 978-7-5201-8406-9
定　　价 / 128.00元

# 就业蓝皮书编委会

研究团队　麦可思研究院

南方科技大学高等教育研究中心

西南财经大学中国教育需求研究中心

主　　编　麦可思研究院

执行主编　王伯庆　马　妍　王　丽

撰稿人　武艳丽　王梦萍　曹　晨　王昕伦

焦　雅　谌　超　郭　坤

**学术顾问**（按姓名拼音字母排序）

陈　宇　国家教育咨询委员会委员

储朝晖　中国教育科学研究院研究员

董　刚　全国高职高专校长联席会主席

胡瑞文　国家教育咨询委员会委员

季　平　中国民办教育协会高等教育专业委员会理事长

姜大源　教育部职业技术教育中心研究所研究员

李亚东　同济大学教授 / 教学质量管理办公室主任

李志宏　中国职业技术教育学会职教质量保障与评估研究会主任

马树超　中国职业技术教育学会副会长

任君庆　全国高职高专校长联席会秘书长

汤　敏　国务院参事室参事

王辉耀　国务院参事室参事 / 中国与全球化研究中心主任

叶之红　中国高等教育学会前副秘书长

查建中　教育部新工科建设工作组成员

# 摘　要

《2021年中国高职生就业报告》由1篇总报告、9篇分报告、2篇专题报告组成，对高职生毕业去向、就业结构、就业质量、职业发展、升本情况、灵活就业、能力达成、对学校的满意度等状况进行深入分析。分析基于应届毕业生和毕业中期跟踪评价。

本报告分析了2020届高职生的毕业去向与就业结构。分析显示，在2020年新冠肺炎疫情给应届高职毕业生去向落实带来巨大压力的情况下，专升本扩招、政策性岗位数量增加等举措缓解了就业总量压力，确保了毕业生就业总体平稳。2020年，应届高职毕业生毕业后读本科的比例与2019届相比翻番，专升本扩招拓宽了毕业生分流渠道，对就业起到了缓冲作用；建筑、电力、采矿等领域的国企在疫情下增加了政策性岗位，对毕业生的吸纳程度有所提升；农业、制造业等刚需产业受疫情影响较小，充当了毕业生就业的"稳定器"；此外，包括网上零售在内的新业态新模式在疫情下逆势增长，为毕业生就业创造了更多选择。同时分析还显示，服务性产业受到疫情的冲击较大，2020届高职毕业生在商务服务、金融、房地产等领域就业的比例较2019届均有不同程度的波动；毕业生就业重心保持下沉，外流有所减少。

本报告同时分析了高职毕业生的就业质量与职业发展情况。分析显示，应届高职毕业生的薪资在疫情下保持稳定，工作五年的薪资是毕业时的2.3倍；高职毕业生通过校园渠道获得第一份工作的比例逐年上升，疫情下高质量的就业服务工作在保障毕业生去向落实的同时，也促进了其就业满意度的提升；随着工作时间延长和经验积累，毕业生工作更加多元化，并陆续获得

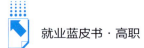

了职位晋升；另外，毕业生的职场忠诚度有所提升，毕业半年内的离职率呈现下降趋势。

此外，本报告还分析了高职毕业生的能力达成情况以及对学校的满意度评价。分析显示，高职毕业生能力达成效果持续提升，其中在理解交流能力方面整体达成效果较好；毕业生对母校教学的满意度持续上升，高职教学工作持续优化，核心课程培养效果逐年提升；学生工作及生活服务的效果也持续改善，学生在校体验不断优化。同时分析还显示，高职毕业生在应用分析能力、动手能力方面仍有提升空间；持续学习等可迁移能力对毕业生中长期的职业发展至关重要，但毕业生对这类能力的掌握水平仍需提升，其培养和提升效果需要关注；实践教学是高职教学工作中需要重点改进的内容，其组织开展效果也需持续关注；另外，乡村振兴战略下涉农专业毕业生的从农意愿不断增强，而其培养环节仍需完善。

**关键词：** 高职生　就业　职业发展　满意度评价　乡村振兴

# Abstract

*The Employment Report of China's Vocational College Students in 2021* is composed of one general report, nine sub reports, and two special reports. The report provides an in-depth analysis of the status of senior vocational students' graduation destination, employment structure, employment quality, career development, further education, flexible employment, ability attainment, and satisfaction with the school. The analysis is based on recent graduates and mid-term follow-up evaluations of graduation.

This report analyzes the graduation destinations and employment structures of the 2020 vocational college students. The analysis shows that under the situation that the COVID-19 epidemic in 2020 brings great pressure on the implementation of the destination of fresh vocational college graduates, the expansion of college to undergraduate enrollment and the increase in the number of policy positions have alleviated the total employment pressure and ensured the overall stable employment of graduates. In 2020, the proportion of fresh vocational college students undertaking undergraduate studies after graduation doubled compared to the 2019 class. The expansion of college to undergraduate broadened the diversion channels for graduates and played a buffering role for employment. State-owned enterprises in the fields of construction, electricity, and mining have opened up policy positions under the epidemic and have increased the degree of absorption of graduates. Industries with immediate needs, such as agriculture and manufacturing, were less affected by the epidemic and acted as "stabilizers" for graduates' employment. In addition, new industries and models, including online retailing, are growing against the trend under the epidemic, creating more choices for graduates' employment. The analysis also shows that the service industry has been hit harder by the epidemic. The percentage of 2020 vocational college graduates employed in business services, finance, and real estate all fluctuate to varying degrees compared to the 2019 class. The employment center of graduates keeps sinking, and the outflow has decreased.

This report also analyzes the employment quality and career development of vocational college graduates. The analysis shows that the salaries of recent vocational college graduates had remained stable under the epidemic, with salaries at five years of work being 2.3 times higher than when they graduated. The proportion of vocational college graduates getting their first job through campus channels has been increasing year by year, and high-quality employment service work under the epidemic has contributed to their employment satisfaction while guaranteeing the implementation of graduates' destinations. With longer working years and experience, graduates have become more diversified in their work and have been promoted one after another. In addition, graduates' workplace loyalty has increased, and the turnover rate within six months of the graduation shows a decreasing trend.

In addition, this report analyzes the proficiency attainment of vocational college graduates and their satisfaction ratings with the college. The analysis shows that the achievement effect of vocational college graduates' ability continues to improve, among which the overall achievement effect is better in the comprehension and communication ability. The satisfaction of the graduates with the teaching of their alma mater continues to rise, the teaching work of vocational colleges continues to be optimized, and the training effect of core courses improves year by year. The effectiveness of student work and life services also continues to improve, and the student experience continues to be optimized. The analysis also shows that there is still room for improvement in the application and analysis skills and hands-on skills of vocational college graduates. Transferable abilities such as continuous learning are crucial to graduates' medium- and long-term career development. However, the level of graduates' mastery of such abilities still needs to be improved, and their cultivation and enhancement effects need attention. Practical teaching is a key element in the teaching work of vocational colleges that needs to be improved, and the effect of its organization and implementation needs continuous attention. In addition, the willingness of agriculture-related graduates to work in agriculture is increasing under the strategy of rural revitalization, and the training process still needs to be improved.

**Keywords:** Vocational College Students, Employment, Career Development, Satisfaction Evaluation, Rural Revitalization

# 目 录 ◤▸▸▸

## Ⅰ 总报告

## Ⅱ 分报告

# Ⅲ 专题报告

# Ⅳ 附录

皮书数据库阅读**使用指南**

# Contents

## I  General Report

## II  Sub Reports

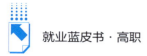
# Ⅲ   Special Reports

# Ⅳ   Appendix

# 总 报 告

## General Report

**B.1**

# 高职毕业生就业发展趋势与成效

摘　要：在 2020 年新冠肺炎疫情影响下，应届高职毕业生去向落实面临挑
战。专升本扩招、政策性岗位数量增加等举措缓解了就业总量压
力，扩大了毕业生分流渠道。专升本的扩招增加了高职毕业生升
学机会；国企等政策性岗位的增加，扩大了对毕业生的吸纳，农
业、制造业等刚需产业充当了毕业生就业的"稳定器"，制造业中
的数字化岗位成为需求增长亮点，网上零售等新业态新模式也为
毕业生创造了更多选择，服务性产业受冲击较大；乡村振兴战略
下涉农专业毕业生从农比例提升，但长期从农意愿仍需提升，另
外，涉农专业实习实践教学环节也需加强；疫情下高职院校的就
业服务工作成效明显，毕业生就业满意度提升明显。

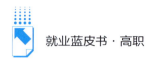

关键词：高职生　涉农人才　毕业生满意度　就业

麦可思自 2007 年开始进行大学毕业生跟踪评价，并从 2009 年开始根据评价结果每年出版"就业蓝皮书"，迄今已连续 13 年出版"就业蓝皮书"。本报告基于应届毕业、毕业三年后的跟踪评价数据，分析高职毕业生的就业发展趋势与成效，回应政府、媒体、高职院校师生以及社会大众关注的问题，并为高职人才培养的持续改进提供参考建议。

## 一　疫情下专升本扩招拓宽了毕业生分流渠道，对就业起到了缓冲作用

2020 年突发的新冠肺炎疫情给应届高职毕业生的去向落实带来了巨大压力。但与此同时，专升本的扩招增加了高职毕业生升学机会，扩大了去向分流渠道。数据显示，2020 届 [①] 高职毕业生毕业后读本科的比例为 15.3%，与 2019 届（7.6%）相比翻番，是 2016 届（4.9%）的 3 倍以上。从不同院校类型来看，"双高"院校毕业生读本科比例更高，2020 届达到 17.2%，比其他高职院校（15.0%）高 2.2 个百分点；其他高职院校近两年上升幅度更大，2020 届相比 2019 届（7.2%）翻了一番以上。专升本扩招无论是对于缓解疫情带来的就业压力还是对于毕业生后续的发展都有着重要作用。

### （一）专升本扩招有力地缓解了就业总量压力

疫情下专升本的扩招让毕业生去向分流渠道进一步扩大，对就业起到了重要的缓冲作用。按照实际毕业生人数 [②] 推算近两年不同去向高职毕业生的人数变化发现，2020 届高职毕业生读本科人数比 2019 届多了 30 余万。在疫情

---

[①]　解读中提到的往届数据，均出自相应年份的"就业蓝皮书"。

[②]　根据中华人民共和国教育部 2020 年发布的教育统计数据，2019 年全国普通专科毕业生人数为 363.8 万，2020 年预计为 385.5 万。

使得就业市场招聘岗位减少的情况下，专升本扩招较大程度缓解了就业总量压力，促进了就业总体平稳。

### （二）学历提升为毕业生更高质量的发展奠定了基础

专升本在缓解当下就业总量压力的同时，也为高职毕业生今后更高质量的就业与发展奠定了基础。数据显示，2017届高职毕业生中，学历提升群体当前就业满意度为71%，比学历未提升群体（66%）高5个百分点，学历提升群体的从业幸福感更强；学历提升给毕业生带来的经济回报在短时间内尚未显现，但在"双高"院校毕业生中，学历提升所带来的薪资优势已开始呈现，学历提升群体的月收入（6997元）比未提升群体（6876元）高121元。

另外值得注意的是，无论升学与否，保持不断学习、充电的状态对毕业生长远发展至关重要。从2017届工作三年的高职毕业生反馈来看，终身学习能力在工作当中需求程度（68%）较高，但满足程度（88%）相比其他通用能力仍偏低。在校培养需更加关注这类可迁移能力的提升效果，从而更好地促进毕业生的去向落实与发展。

## 二 政策性岗位、刚需产业对保障就业起了重要作用

2020年的疫情给应届毕业生求职带来了巨大挑战。2020届高职毕业生中，近六成（56%）表示疫情对自己求职就业产生了影响，这种影响主要体现在招聘岗位减少（70%）以及求职进程受阻（67%）上。当然，各行业领域受疫情冲击的程度不同，部分领域在疫情下保持稳定，对保障毕业生就业起了重要作用。

### （一）建筑、电力、采矿等领域的政策性岗位加大了对毕业生的吸纳

疫情下，国家在国有企业增加政策性岗位助力毕业生就业，对"稳就业"起到了重要支撑。其中，工程领域的国企增加了高职相关专业毕业生的就业机会，2020届高职工程类专业毕业生在国企就业的比例（24%）相比2019届

（22%）有所上升。建筑业是吸纳高职毕业生数量最大的行业类，2020届高职毕业生在该行业类就业的比例（11.4%）相比2019届（11.1%）有所回升。建筑施工领域国有企业较为集中，政策性岗位的增加确保了该领域对高职毕业生的吸纳，在该领域就业的2020届高职毕业生有三成就职于国企。

除了建筑业外，电力/热力/燃气及水生产和供应业、采矿业也是国有企业集中的领域（2020届上述领域的高职毕业生分别有55%、43%就职于国企），2020届高职毕业生在上述领域就业的比例（分别为2.0%、0.7%）相比2019届（分别为1.8%、0.6%）也有不同程度的提升。

### （二）农业、制造业等刚需产业是保障就业的"稳定器"

农、林、牧、渔业在疫情下就业比例增加。2020届高职毕业生在该行业类就业的比例为2.3%，相比2019届（1.9%）增加了0.4个百分点。在接下来的"十四五"时期，国家将致力于全面推进乡村振兴战略，加快建设农业现代化，毕业生在现代农业领域的就业和发展也将有更多机遇。

除了农、林、牧、渔业外，制造业在疫情冲击下也较为稳定。2018~2020届高职毕业生在制造业就业的比例分别为21.1%、20.9%、21.5%。2020年制造业在疫情得到控制后复工复产较快，为稳定就业提供了有力支撑。其中特别值得关注的是，新兴岗位成为制造业中需求增长的亮点，为毕业生创造了更多新选择。数据显示，在制造业就业的高职毕业生中，从事数字化岗位（与工业机器人、工业互联网、大数据、云计算、人工智能等相关的岗位）的占比不断提升，从2018届的5.6%上升到了2020届的7.7%。

当然需要注意的是，制造业数字化、智能化升级将对从业者电脑编程等能力提出更高要求，而当前高职毕业生电脑编程能力的满足度（73%）相比其他通用能力仍偏低，相关院校和专业可进一步完善能力本位的课程体系，促进毕业生相关能力的达成，以更好地适应制造业转型升级的需要。

### （三）新业态新模式为毕业生创造更多选择

在2020年全年批发和零售业增加值比上一年下降的情况下，包括网上零售在内的新业态新模式逆势增长①，为毕业生就业创造了更多选择。数据显示，高职毕业生在零售业就业的比例整体呈现上升趋势，2020届达到6.6%，五年内上升了0.5个百分点。此外，网上零售也带动了物流的增长，疫情下高职毕业生在邮递、物流及仓储业就业的比例保持稳定（2019届、2020届分别为1.5%、1.6%）。

### （四）服务性产业受疫情冲击较大，毕业生就业数量减少

疫情对商务服务、金融、交通运输等领域冲击较大，毕业生在上述领域的就业数量减少。数据显示，2020届高职毕业生在各类专业设计与咨询服务业、金融业、运输业就业的比例（分别为4.3%、4.2%、2.8%）相比2019届（分别为4.7%、4.6%、3.0%）均有不同程度的下降。另外，从就业岗位来看，酒店/旅游/会展类岗位在疫情期间就业比例下滑明显，2020届高职毕业生从事这类岗位的比例（1.5%）相比2019届（1.9%）低了0.4个百分点。

疫情对各行各业的影响是暂时的，相关院校和专业可根据产业转型升级的长远趋势，不断梳理和完善人才培养环节，从而使人才培养更加适应产业发展的需要。

## 三 乡村振兴战略下涉农专业毕业生从农意愿增强，培养环节仍需完善

在国家全面推进乡村振兴战略的背景下，应届高职毕业生从农比例（即毕业生在农、林、牧、渔业就业的比例，下同）呈现上升趋势，从2016届的1.5%上升到了2020届的2.3%。其中，农林牧渔大类专业（以下简称"涉农专业"）是从农高职毕业生的主体，为乡村振兴战略的推进提供了高水平技术技能人才支撑，当前涉农专业毕业生"学农从农"的意愿不断增强，但长期

---

① 《中华人民共和国2020年国民经济和社会发展统计公报》显示，全年批发和零售业增加值95686亿元，比上年下降1.3%；网上零售额117601亿元，按可比口径计算，比上年增长10.9%。

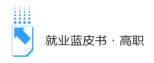

从农的意愿仍有继续提升的空间，另外专业培养环节也有待进一步完善，具体如下。

### （一）涉农专业毕业生"学农从农"意愿增强，农村家庭毕业生反哺农业的贡献更多

近年来涉农专业毕业生"学农从农"的意愿不断增强，在毕业后选择从农的比例从 2016 届的 43.6% 上升到了 2020 届的 48.7%。涉农专业毕业生对地方农业经济发展贡献更多，2020 届涉农专业从农的毕业生有 75% 在地级及以下城市就业，明显高于全国高职平均水平（2020 届为 63%）。涉农专业农村家庭毕业生反哺农业的贡献更多，农村家庭毕业生毕业后选择在涉农领域就业比例（2020 届为 52.1%）明显高于其他家庭毕业生（2020 届为 44.0%），为服务地方农业经济发展贡献了更多力量。

### （二）涉农专业毕业生长期从农的意愿仍有待增强

涉农专业从农毕业生工作三年后依然从农的比例仍偏低，长期从农的意愿有待增强。在推动农业农村现代化建设的过程中，不仅需要吸引更多专业人才从农，更需要留住人才。2017 届涉农专业毕业后从农的毕业生中，有 73.8% 在工作三年以后依然留在涉农领域，这一比例与其他专业在本专业领域的保留率（78%）相比仍偏低。从不同家庭背景的毕业生来看，涉农专业农村家庭毕业生从农比例（2020 届 52.1%）更高（其他家庭毕业生为 44.0%），且工作三年后依然留在涉农领域的比例（2017 届 77.6%）也更高（其他家庭毕业生为 68.8%）。

### （三）涉农专业实习实践教学环节仍需加强

实习实践教学是高职涉农专业人才培养的重要环节，其开展效果仍需加强。2020 届涉农专业从农的毕业生中，有六成以上（61%）认为实习和实践环节不够，这一比例高于其他专业的毕业生（57%），完善实习实践教学是解决涉农专业人才培养与现代农业生产脱节等问题的关键。从涉农专业下属的主要专业类来看，农业类专业从农群体认为实习和实践环节不够的比

例（65%）相对突出；另外通过对比不同类型院校涉农专业从农毕业生的评价可以发现，非农林类高职院校实习实践教学开展效果相比农林类高职院校仍不足（毕业生认为实习和实践环节不够的比例为63%，农林类高职院校为60%）。相关院校和专业可在培养过程中进一步疏通渠道、搭建平台，为学生创造更多实习实践机会。

## 四　高职毕业生对母校办学水平的认可程度逐年提升

毕业生对学校的满意度是其在校期间学习、生活等各方面体验的综合反映，能体现其对母校办学水平的整体认可程度。应届高职毕业生对母校的满意度稳步提升，从2016届的89%上升到2020届的92%，五年之内上升了3个百分点，这反映出高职院校教学、就业指导、学生日常服务等方面的工作持续完善，毕业生对母校教育教学与服务水平进一步认可。

### （一）教学工作持续优化，课程培养效果逐年提升

教学工作是高校办学水平的重要体现。应届高职毕业生对母校教学的满意度持续上升，从2016届的89%上升到了2020届的92%，教学工作持续优化。专业核心课程授课效果的提升是促使教学工作优化的重要方面，高职专业核心课程设置与实际工作岗位需求整体匹配程度保持稳定（2016届90%，2020届89%），与此同时，课程培养效果逐年提升，毕业生对核心课程的满意度评价从2016届的75%上升至2020届的83%，五年内上升了8个百分点。当然，毕业生对实践环节的改进需求程度仍较高，2020届有近六成（57%）高职毕业生认为实习和实践环节不够；另外，学习兴趣的调动也是毕业生期待改进较多的方面。后续教学工作的持续改进可有针对性地侧重。

### （二）疫情下就业服务工作效果提升明显，促进了毕业生从业幸福感的提升

就业指导服务是学生服务工作的重要事项。疫情下高职院校就业指导与

帮扶工作的开展力度大幅加强，并取得了良好成效。数据显示，校园渠道在毕业生落实去向过程中发挥了越来越大的作用，高职毕业生通过学校获得第一份工作的比例从 2016 届的 38% 持续上升到了 2020 届的 50%；就业指导服务效果不断增强，2020 届高职毕业生对母校就业指导服务的满意度达到 89%，比 2019 届（87%）高了 2 个百分点，五年内上升了 10 个百分点。高质量的就业指导工作对于毕业生就业质量，特别是从业幸福感的提升影响显著，2020届毕业生的就业满意度（69%）比 2019 届（66%）高了 3 个百分点。

### （三）学生服务工作质量进一步提升

高校日常学生工作、后勤服务也是其服务水平的重要体现。应届高职毕业生对母校学生工作、生活服务的满意度均持续上升，2016 届均为 84%，到 2020 届分别上升至 91%、92%，育人工作效果持续改善，后勤服务也逐渐优化。当然，毕业生对与辅导员（班主任）沟通交流、食堂、住宿等方面的改进需求程度仍相对较高，相关院校可有针对性地改善。

# 分　报　告
## Sub Reports

**B.2**

# 高职生毕业去向分析

摘　要：在 2020 年新冠肺炎疫情给应届高职毕业生去向落实带来巨大压力的情况下，专升本扩招政策较大程度缓解了就业总量压力，促进了就业总体平稳。从应届高职毕业生的去向分布来看，毕业后读本科的人数明显上升，2020 届比 2019 届多了 30 余万。从不同区域来看，长三角、珠三角地区高职院校毕业生就业率较高，西部生态经济区较低。从不同类型专业来看，与建筑、化工、电力／能源等领域相关的专业受疫情影响较小，整体就业率较高；与旅游、住宿、餐饮等服务领域相关的专业受疫情影响较大，就业率相对较低。

关键词：高职生　就业率　专升本

# 一　毕业去向分布

**毕业半年后：**2020 届毕业生毕业第二年（即 2021 年）的 1 月左右。麦可思在此时展开跟踪评价。此时毕业生的就业状况趋于稳定，有工作经历的毕业生也能够评估工作对自己知识、能力的要求水平。

**毕业三年后：**麦可思于 2020 年对 2017 届大学毕业生进行了三年后跟踪评价（曾于 2018 年初对这批大学毕业生进行过半年后跟踪评价），本报告涉及的三年内的变化分析即使用两次对同一批大学生的跟踪评价数据。

**毕业去向分布：**麦可思将中国高职毕业生的毕业状况分为七类：受雇工作、自由职业、自主创业、入伍、读本科、准备升学、待就业。其中，受雇工作包含受雇全职工作、受雇半职工作，受雇全职工作指平均每周工作 32 小时或以上，受雇半职工作指平均每周工作 20~31 小时。待就业包含"无工作，继续寻找工作"、"无工作，其他"。

**院校类型：**本报告分析中，高职院校类型划分为"双高"院校和其他高职院校。其中"双高"院校包含高水平建设院校 56 所、高水平专业群建设院校 141 所。其他高职院校包含除"双高"院校以外的高职院校。

2020 年新冠肺炎疫情的突发给高校毕业生的去向落实带来了巨大压力。在这一背景下，教育部会同国家发改委、财政部、人社部等部门出台了多项政策措施，努力实现毕业生就业总体平稳。其中，制定专升本扩招政策、增加高职毕业生升学机会是"稳就业"的重要举措之一，扩大了毕业生的分流渠道。从应届高职毕业生的去向分布来看，2020 届读本科比例（15.3%）相比 2019 届（7.6%）翻番（见表 2-1）。

按照实际毕业生人数[①]推算，2020 届高职毕业生读本科人数比 2019 届多了 30 余万，专升本扩招较大程度缓解了就业总量压力，促进了就业总体平稳。

---

① 根据中华人民共和国教育部 2020 年发布的教育统计数据，2019 年全国普通专科毕业生人数为 363.8 万，2020 年预计为 385.5 万。

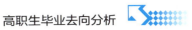

从不同院校类型来看，"双高"院校毕业生读本比例更高，2020届达到了17.2%；其他高职院校毕业生读本比例增长幅度较大，2020届（15.0%）比2019届（7.2%）翻了一番以上（见表2-2、表2-3）。

表 2-1 2016~2020 届高职院校毕业生半年后的去向分布变化

单位：%，个百分点

| 高职院校毕业生毕业去向分布 | 2020届 | 2019届 | 2018届 | 2017届 | 2016届 | 五年变化 |
|---|---|---|---|---|---|---|
| 受雇工作 | 68.4 | 80.3 | 82.0 | 82.8 | 82.6 | −14.2 |
| 自由职业 | 3.6 | — | — | — | — | — |
| 自主创业 | 2.8 | 3.4 | 3.6 | 3.8 | 3.9 | −1.1 |
| 入伍 | 0.8 | 0.6 | 0.6 | 0.5 | 0.5 | 0.3 |
| 读本科 | 15.3 | 7.6 | 6.3 | 5.4 | 4.9 | 10.4 |
| 未就业 | 9.1 | 8.1 | 7.5 | 7.5 | 8.1 | 1.0 |

注：①"自由职业"为2020届新增选项，下同；②五年变化百分点是指2020届的比例减去2016届的比例，下同；③未就业包括准备升学和待就业，下同。

数据来源：麦可思–中国2016~2020届大学毕业生培养质量跟踪评价。

表 2-2 2016~2020 届"双高"院校毕业生半年后的去向分布变化

单位：%，个百分点

| "双高"院校毕业生毕业去向分布 | 2020届 | 2019届 | 2018届 | 2017届 | 2016届 | 五年变化 |
|---|---|---|---|---|---|---|
| 受雇工作 | 68.8 | 80.1 | 82.7 | 84.2 | 84.7 | −15.9 |
| 自由职业 | 3.3 | — | — | — | — | — |
| 自主创业 | 2.7 | 3.3 | 3.6 | 3.8 | 3.7 | −1.0 |
| 入伍 | 1.0 | 0.7 | 0.5 | 0.4 | 0.4 | 0.6 |
| 读本科 | 17.2 | 9.9 | 7.6 | 6.0 | 5.2 | 12.0 |
| 未就业 | 7.0 | 6.0 | 5.6 | 5.6 | 6.0 | 1.0 |

数据来源：麦可思–中国2016~2020届大学毕业生培养质量跟踪评价。

| 其他高职院校毕业生<br>毕业去向分布 | 2020届 | 2019届 | 2018届 | 2017届 | 2016届 | 五年变化 |
|---|---|---|---|---|---|---|
| 受雇工作 | 68.4 | 80.3 | 81.8 | 82.4 | 82.1 | −13.7 |
| 自由职业 | 3.6 | — | — | — | — | — |
| 自主创业 | 2.8 | 3.4 | 3.6 | 3.8 | 3.9 | −1.1 |
| 入伍 | 0.8 | 0.5 | 0.6 | 0.5 | 0.5 | 0.3 |
| 读本科 | 15.0 | 7.2 | 6.1 | 5.3 | 4.8 | 10.2 |
| 未就业 | 9.4 | 8.6 | 7.9 | 8.0 | 8.7 | 0.7 |

表2-3　2016~2020届其他高职院校毕业生半年后的去向分布变化

单位：%，个百分点

数据来源：麦可思－中国2016~2020届大学毕业生培养质量跟踪评价。

随着离校时间的推移，毕业生的去向落实越来越充分。到毕业三年后，高职毕业生已普遍受雇工作，同时自主创业的比例也较高。具体来看，2017届高职毕业生在毕业三年后受雇工作的比例超过八成（84.2%），自主创业的比例为7.5%；"双高"院校、其他高职院校毕业生在毕业三年后受雇工作的比例分别为84.4%、84.2%，自主创业的比例分别为7.7%、7.5%（见图2-1）。

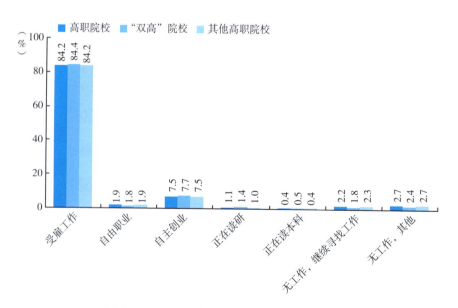

图2-1　2017届高职毕业生三年后的去向分布

数据来源：麦可思－中国2017届大学毕业生三年后职业发展跟踪评价。

## 二 疫情影响

疫情对毕业生去向落实的影响不容忽略。2020届高职毕业生中，有近六成（56%）表示疫情对自己的求职就业产生了影响，另外有25%表示疫情对自己的去向落实没有影响。求职就业受到疫情影响的毕业生中，有70%表示招聘岗位减少，就业难度加大；有67%表示疫情影响求职、实习、面试等进程（见图2-2、图2-3）。

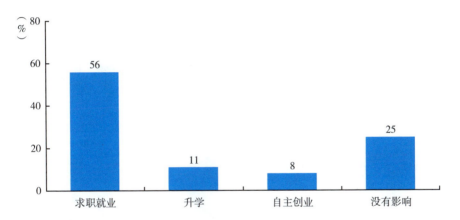

图 2-2 疫情对 2020 届高职毕业生去向落实的影响

数据来源：麦可思－中国 2020 届大学毕业生培养质量跟踪评价。

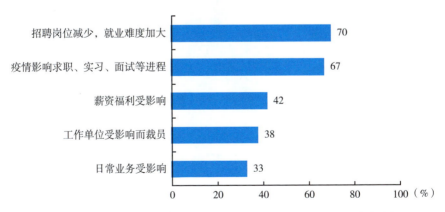

图 2-3 2020 届高职毕业生求职就业受到疫情影响的方面（多选）

数据来源：麦可思－中国 2020 届大学毕业生培养质量跟踪评价。

# 三 就业率分析

就业率：高职毕业生的就业率＝已就业高职毕业生数／高职毕业生总数。其中已就业人群包括"受雇工作"、"自由职业"、"自主创业"、"入伍"、"读本科"五类。

毕业生总体就业率好于预期。新冠肺炎疫情突发以来，"稳就业"、"保就业"作为做好"六稳"工作、落实"六保"任务的首要内容，被放到了突出位置。在这个特殊的就业季当中，各级主管部门、各高校全力推进毕业生就业工作，共同努力实现毕业生就业总体稳定。数据显示，2020届高职毕业生半年后就业率为90.9%，其中"双高"院校就业率为93.0%，其他高职院校就业率为90.6%（见图2-4）。

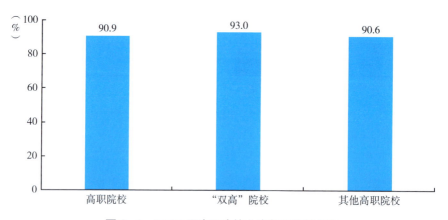

图2-4 2020届高职生毕业半年后的就业率

数据来源：麦可思－中国2020届大学毕业生培养质量跟踪评价。

经济区域：本研究把中国大陆31个省、自治区、直辖市分为八个经济体区域。

　a. 东北区域经济体：黑龙江、吉林、辽宁；

　b. 泛渤海湾区域经济体：北京、天津、山东、河北、内蒙古、山西；

c. 陕甘宁青区域经济体：陕西、甘肃、宁夏、青海；

d. 中原区域经济体：河南、湖北、湖南；

e. 泛长江三角洲区域经济体：上海、江苏、浙江、江西、安徽；

f. 泛珠江三角洲区域经济体：广东、广西、福建、海南；

g. 西南区域经济体：重庆、四川、贵州、云南；

h. 西部生态经济区：西藏、新疆。

从不同区域来看，2020届长三角地区高职院校毕业生半年后的就业率（93.5%）最高，其次是珠三角地区（92.9%）（见图2-5）。长三角、珠三角地区整体经济发展水平较高，且在疫情得到控制后率先复工复产，为毕业生提供了较多就业机会和选择。

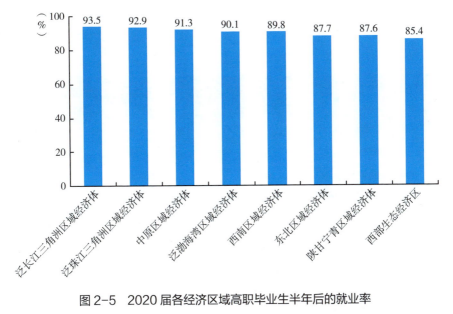

图2-5  2020届各经济区域高职毕业生半年后的就业率

数据来源：麦可思－中国2020届大学毕业生培养质量跟踪评价。

**专业大类：** 按照教育部的专业目录，本次跟踪评价覆盖了高职院校所开设的专业大类19个。

**专业类：** 按照教育部的专业目录，本次跟踪评价覆盖了高职院校所开设

的专业类 94 个。

**专业**：按照教育部的专业目录，本次跟踪评价覆盖了高职院校所开设的专业 582 个。

从不同学科门类来看，2020 届土木建筑大类、生物与化工大类、能源动力与材料大类的就业率（分别为 92.9%、92.8%、92.7%）位列前三位；旅游大类的就业率（88.8%）相对较低（见表 2-4）。疫情下建筑、化工、电力/能源等传统支柱产业受到的冲击较小，充当了毕业生就业的"稳定器"与"压舱石"，与上述领域相关的专业整体就业率较高；而旅游、住宿、餐饮等服务领域因疫情而大面积停摆，相关专业毕业生的去向落实也受到了影响。

另外，从各专业类来看，除了上述就业率较高的专业大类外，其他大类中的康复治疗类、道路运输类、临床医学类专业就业率（分别为 94.6%、94.2%、93.6%）也较高（见表 2-5）。

**表 2-4 2020 届高职各专业大类毕业生半年后的就业率**

单位：%

| 高职专业大类名称 | 就业率 | 高职专业大类名称 | 就业率 |
|---|---|---|---|
| 土木建筑大类 | 92.9 | 交通运输大类 | 91.4 |
| 生物与化工大类 | 92.8 | 财经商贸大类 | 91.3 |
| 能源动力与材料大类 | 92.7 | 电子信息大类 | 90.8 |
| 水利大类 | 92.1 | 资源环境与安全大类 | 90.0 |
| 装备制造大类 | 92.0 | 农林牧渔大类 | 89.9 |
| 公共管理与服务大类 | 92.0 | 新闻传播大类 | 89.3 |
| 文化艺术大类 | 91.9 | 医药卫生大类 | 89.2 |
| 食品药品与粮食大类 | 91.7 | 旅游大类 | 88.8 |
| 教育与体育大类 | 91.6 | | |
| 全国高职 | 90.9 | 全国高职 | 90.9 |

注：个别专业大类因为样本较少，没有包括在内。

数据来源：麦可思 – 中国 2020 届大学毕业生培养质量跟踪评价。

表 2-5　2020 届高职主要专业类毕业生半年后的就业率

单位：%

| 高职专业类名称 | 就业率 | 高职专业类名称 | 就业率 |
|---|---|---|---|
| 康复治疗类 | 94.6 | 房地产类 | 92.1 |
| 道路运输类 | 94.2 | 市场营销类 | 92.1 |
| 临床医学类 | 93.6 | 药品制造类 | 92.0 |
| 建设工程管理类 | 93.4 | 机械设计制造类 | 91.8 |
| 电力技术类 | 93.4 | 铁道运输类 | 91.8 |
| 市政工程类 | 93.1 | 通信类 | 91.8 |
| 化工技术类 | 92.9 | 工商管理类 | 91.5 |
| 土建施工类 | 92.9 | 物流类 | 91.4 |
| 电子信息类 | 92.9 | 汽车制造类 | 91.3 |
| 药学类 | 92.8 | 公共管理类 | 91.3 |
| 林业类 | 92.8 | 食品工业类 | 91.2 |
| 公共事业类 | 92.8 | 教育类 | 91.0 |
| 电子商务类 | 92.7 | 金融类 | 90.7 |
| 生物技术类 | 92.7 | 计算机类 | 90.6 |
| 城市轨道交通类 | 92.7 | 测绘地理信息类 | 90.3 |
| 机电设备类 | 92.6 | 财务会计类 | 90.2 |
| 食品药品管理类 | 92.5 | 广播影视类 | 89.8 |
| 艺术设计类 | 92.5 | 农业类 | 89.7 |
| 语言类 | 92.5 | 畜牧业类 | 89.7 |
| 经济贸易类 | 92.4 | 水上运输类 | 89.6 |
| 医学技术类 | 92.4 | 表演艺术类 | 88.8 |
| 建筑设备类 | 92.3 | 旅游类 | 88.6 |
| 自动化类 | 92.2 | 护理类 | 88.4 |
| 建筑设计类 | 92.1 | | |
| 全国高职 | 90.9 | 全国高职 | 90.9 |

注：个别专业类因为样本较少，没有包括在内。

数据来源：麦可思 - 中国 2020 届大学毕业生培养质量跟踪评价。

　　除了受冲击较小的建筑等领域外，疫情防控过程中海量的核酸检测使得对医学检验人员的需求较高。另外，国家在率先控制住疫情、率先复工复产的情况下实现 2020 年外贸规模创新高，这也让相关专业就业率保持较高水平。从 2020 届就业量最大的前 50 位高职专业来看，毕业生半年后就业率较高的专业为医学检验技术（94.5%）、商务英语（94.5%）、道路桥梁工程技术（94.4%）、国际经济与贸易（94.1%）等（见表 2-6）。

从高职就业率排名前 50 的专业来看，工程类专业占了近七成，其中与铁道、电力领域相关的专业表现相对更为突出，包括铁道机车（96.0%）、电力系统继电保护与自动化技术（95.5%）、电力系统自动化技术（94.6%）、铁道工程技术（94.6%）等；另外就业率较高的非工程类专业包括社会体育（96.0%）、康复治疗技术（94.5%）、医学检验技术（94.5%）等（见表 2-7）。

**表 2-6 2020 届高职毕业生半年后就业量最大的前 50 位专业的就业率**

单位：%

| 高职就业量最大的前 50 位专业名称 | 就业率 |
| --- | --- |
| 医学检验技术 | 94.5 |
| 商务英语 | 94.5 |
| 道路桥梁工程技术 | 94.4 |
| 国际经济与贸易 | 94.1 |
| 艺术设计 | 93.8 |
| 学前教育 | 93.6 |
| 物联网应用技术 | 93.5 |
| 工程造价 | 93.4 |
| 应用英语 | 93.3 |
| 临床医学 | 93.3 |
| 应用电子技术 | 93.1 |
| 建设工程管理 | 93.1 |
| 建筑工程技术 | 93.0 |
| 建筑装饰工程技术 | 92.9 |
| 机电一体化技术 | 92.9 |
| 模具设计与制造 | 92.8 |
| 药学 | 92.8 |
| 城市轨道交通运营管理 | 92.8 |

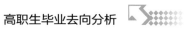

| | 续表 |
|---|---|
| 高职就业量最大的前 50 位专业名称 | 就业率 |
| 电子商务 | 92.8 |
| 建筑室内设计 | 92.7 |
| 环境艺术设计 | 92.6 |
| 机械设计与制造 | 92.5 |
| 电子信息工程技术 | 92.5 |
| 药品生产技术 | 92.5 |
| 汽车营销与服务 | 92.3 |
| 空中乘务 | 92.3 |
| 广告设计与制作 | 92.3 |
| 电气自动化技术 | 92.2 |
| 数控技术 | 91.9 |
| 数字媒体应用技术 | 91.8 |
| 市场营销 | 91.8 |
| 计算机网络技术 | 91.8 |
| 文秘 | 91.7 |
| 财务管理 | 91.7 |
| 机械制造与自动化 | 91.5 |
| 物流管理 | 91.4 |
| 汽车检测与维修技术 | 91.3 |
| 工商企业管理 | 91.1 |
| 软件技术 | 90.9 |
| 金融管理 | 90.4 |
| 助产 | 90.4 |
| 酒店管理 | 90.2 |
| 医学影像技术 | 90.1 |
| 计算机应用技术 | 90.1 |
| 会计 | 90.0 |
| 动漫制作技术 | 89.4 |
| 小学教育 | 88.9 |
| 畜牧兽医 | 88.6 |

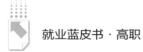

| | 续表 |
|---|---|
| 高职就业量最大的前 50 位专业名称 | 就业率 |
| 旅游管理 | 88.6 |
| 护理 | 88.3 |
| 全国高职 | 90.9 |

数据来源：麦可思－中国 2020 届大学毕业生培养质量跟踪评价。

表 2-7　2020 届高职毕业生半年后就业率排前 50 位的主要专业

单位：%

| 高职就业率排前 50 位的专业名称 | 就业率 |
|---|---|
| 铁道机车 | 96.0 |
| 社会体育 | 96.0 |
| 电力系统继电保护与自动化技术 | 95.5 |
| 电力系统自动化技术 | 94.6 |
| 铁道工程技术 | 94.6 |
| 康复治疗技术 | 94.5 |
| 医学检验技术 | 94.5 |
| 商务英语 | 94.5 |
| 道路桥梁工程技术 | 94.4 |
| 国际商务 | 94.4 |
| 发电厂及电力系统 | 94.3 |
| 城市轨道交通机电技术 | 94.2 |
| 口腔医学 | 94.2 |
| 数控设备应用与维护 | 94.1 |
| 国际经济与贸易 | 94.1 |
| 水利水电建筑工程 | 94.0 |
| 建筑智能化工程技术 | 94.0 |
| 城市轨道交通工程技术 | 94.0 |
| 艺术设计 | 93.8 |
| 工业分析技术 | 93.8 |
| 社会工作 | 93.8 |
| 工业机器人技术 | 93.7 |

| 高职就业率排前 50 位的专业名称 | 就业率 |
|---|---|
| 应用化工技术 | 93.7 |
| 人力资源管理 | 93.7 |
| 铁道供电技术 | 93.7 |
| 学前教育 | 93.6 |
| 工业设计 | 93.6 |
| 建筑设备工程技术 | 93.5 |
| 物联网应用技术 | 93.5 |
| 工程造价 | 93.4 |
| 应用英语 | 93.3 |
| 临床医学 | 93.3 |
| 汽车运用与维修技术 | 93.3 |
| 汽车车身维修技术 | 93.3 |
| 产品艺术设计 | 93.2 |
| 国际贸易实务 | 93.2 |
| 应用电子技术 | 93.1 |
| 建筑设计 | 93.1 |
| 建设工程管理 | 93.1 |
| 视觉传播设计与制作 | 93.0 |
| 移动互联应用技术 | 93.0 |
| 汽车制造与装配技术 | 93.0 |
| 建筑工程技术 | 93.0 |
| 市政工程技术 | 92.9 |
| 建筑装饰工程技术 | 92.9 |
| 药品经营与管理 | 92.9 |
| 机电一体化技术 | 92.9 |
| 供用电技术 | 92.8 |
| 城市轨道交通运营管理 | 92.8 |
| 药学 | 92.8 |
| 全国高职 | 90.9 |

注：毕业生规模过小的专业不包括在此排序中。

数据来源：麦可思－中国 2020 届大学毕业生培养质量跟踪评价。

## 四 未就业分析

**未就业**：本研究将应届毕业生在毕业半年后跟踪评价时既没有受雇工作，也没有创业、自由职业、入伍或升学的状态，视为未就业。这包括准备升学、还在找工作和其他暂不就业三种情况。

2020届高职毕业生毕业半年后未就业的比例为9.1%，其中"双高"院校未就业比例（7.0%）低于其他高职院校（9.4%）（见图2-6）。

图2-6 2016~2020届高职毕业生未就业比例变化趋势

数据来源：麦可思－中国2016~2020届大学毕业生培养质量跟踪评价。

未就业的毕业生中超过半数（52%）正在找工作，尚未落实工作主要与其个人择业标准、职业规划有关。正在找工作的毕业生中，有六成以上（63%）收到过用人单位的录用通知，未接受录用主要是出于薪资福利偏低、个人发展空间不够等方面的考虑，这也反映出部分毕业生的求职预期和实际职场之间依然存在错位的情况（见图2-7、图2-8、图2-9）。

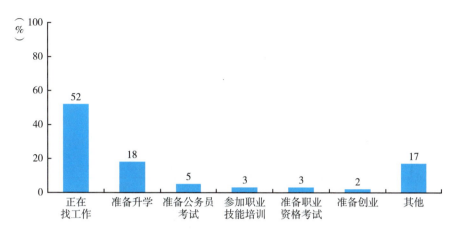

**图2-7 2020届高职未就业毕业生分布**

数据来源：麦可思－中国2020届大学毕业生培养质量跟踪评价。

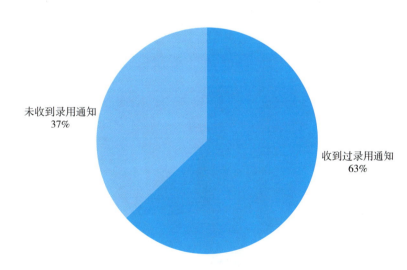

**图2-8 2020届高职正在找工作的毕业生收到过录用通知的比例**

数据来源：麦可思－中国2020届大学毕业生培养质量跟踪评价。

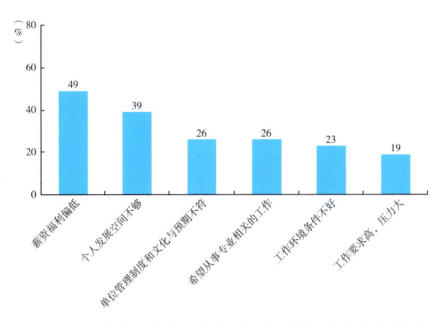

图 2-9 2020 届高职正在找工作毕业生收到过录用通知未接受原因（多选）

数据来源：麦可思－中国 2020 届大学毕业生培养质量跟踪评价。

# B.3
# 高职毕业生就业结构分析

摘　要：在疫情影响下高职毕业生的就业流向产生了新变化。从就业地来看，高职毕业生就业重心保持下沉，外流有所减少。从就业领域来看，疫情下建筑、制造、电力等支柱产业充当了毕业生就业的"稳定器"，网上零售等新业态新模式为毕业生就业提供了更多选择，乡村振兴战略的全面实施让毕业生在现代农业领域拥有更多机遇；商务服务、金融、房地产等服务性产业受疫情冲击较大，毕业生就业比例有所下降。民企依然是雇用高职毕业生的主力军，与此同时，部分专业毕业生在国企就业的比例明显上升。

关键词：就业地　行业　职业　用人单位

## 一　就业地分析

从应届毕业生就业地[①]特点来看，2020届高职毕业生在长三角地区就业的占比（22.2%）最高，其后是泛渤海湾地区（20.1%）、珠三角地区（20.0%）。结合各地区实际毕业生占比和就业率来看，珠三角地区人才的吸引力（毕业生占比14.1%、就业率92.9%）最大，其次是长三角地区（毕业生占比19.8%、就业率93.5%）。此外，毕业生在中原地区就业占比（13.1%）

---

① 就业地：指大学毕业生的就业所在地区。

较 2019 届（12.3%）有所上升，而中原地区实际毕业生占比保持基本稳定
（2019 届、2020 届分别为 18.9%、19.0%），毕业生外流有所减少（见图 3-1、
图 2-5）。

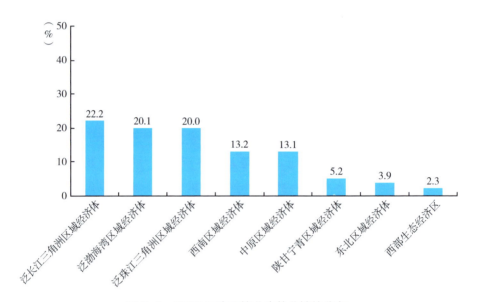

图 3-1　2020 届高职毕业生就业地的分布

数据来源：麦可思－中国 2020 届大学毕业生培养质量跟踪评价。

**城市类型：**

1. 本研究按行政级别把中国内地城市分为以下三种类型。

a. 直辖市：北京、上海、天津、重庆。

b. 副省级城市：哈尔滨、长春、沈阳、大连、济南、青岛、南京、杭州、
宁波、厦门、广州、深圳、武汉、成都、西安 15 个城市。部分省会城市不属
于副省级城市。

c. 地级城市及以下：如绵阳、保定、苏州等，也包括省会城市如福州、
银川等，以及地级市下属的县、乡等。

2. 本研究按城市发展水平、综合经济实力等把主要城市分为一线城市和
新一线城市。

**一线城市：北京、上海、广州、深圳。**

新一线城市:《第一财经周刊》于2013年首次提出"新一线城市"概念,依据商业资源集聚度、城市枢纽性、城市人活跃度、生活方式多样性和未来可塑性五大指标,每年评出15座新一线城市。2020年评出的15座新一线城市依次是:成都、重庆、杭州、武汉、西安、天津、苏州、南京、郑州、长沙、东莞、沈阳、青岛、合肥、佛山。

高职毕业生就业重心保持下沉。从近五年趋势来看,高职毕业生选择在地级城市及以下地区就业的比例有所上升,从2016届的61%上升到2020届的63%;与此同时,毕业生选择在直辖市就业的比例持续下降,从2016届的12%下降到2020届的10%;毕业生选择在副省级城市就业的比例五年来整体稳定(见图3-2)。

图 3-2 2016~2020 届高职毕业生就业城市类型分布变化

数据来源:麦可思-中国 2016~2020 届大学毕业生培养质量跟踪评价。

新一线城市对应届高职毕业生的吸引力上升后趋于稳定。从近五年的数据来看,高职毕业生选择在新一线城市就业的比例从2016届的20%上升到2020届的23%,而在一线城市就业的比例从2016届的17%下降到2020届的14%(见图3-3)。新一线城市不断优化的就业环境和人才引进政策促使更多毕业生流向新一线城市。

图 3-3　2016~2020 届高职毕业生在一线、新一线城市就业的比例变化趋势

数据来源：麦可思－中国 2016~2020 届大学毕业生培养质量跟踪评价。

## 二　行业、职业流向分析

### （一）就业的主要行业及变化趋势

**行业：**根据麦可思中国行业分类体系，本次跟踪评价覆盖了高职毕业生就业的 332 个行业。

**本节各图表中的"就业比例"**＝在某类行业中就业的高职毕业生人数 / 全国同届次高职毕业生就业总数。

疫情下建筑、制造、电力等支柱产业受到影响较小，充当了高职毕业生就业的"稳定器"；新业态新模式的增长为毕业生提供了更多选择；商务服务、金融、房地产等服务性产业受冲击较大。从毕业生就业行业的占比来看，2020 届高职毕业生半年后就业最多的行业类是"建筑业"（11.4%），其后是"教育业"（7.7%）、"医疗和社会护理服务业"（7.4%）、"零售业"（6.6%）等（见表 3-1）。

表 3-1　2016~2020 届高职毕业生就业的主要行业类变化趋势

单位：%，个百分点

| 行业类名称 | 2020 届 | 2019 届 | 2018 届 | 2017 届 | 2016 届 | 五年变化 |
|---|---|---|---|---|---|---|
| 建筑业 | 11.4 | 11.1 | 11.9 | 12.5 | 12.4 | −1.0 |
| 教育业 | 7.7 | 7.8 | 7.3 | 6.5 | 5.7 | 2.0 |
| 医疗和社会护理服务业 | 7.4 | 7.5 | 7.7 | 7.7 | 7.5 | −0.1 |
| 零售业 | 6.6 | 6.4 | 6.6 | 6.2 | 6.1 | 0.5 |
| 信息传输、软件和信息技术服务业 | 5.7 | 5.8 | 5.4 | 5.1 | 5.3 | 0.4 |
| 电子电气设备制造业（含计算机、通信、家电等） | 4.8 | 4.6 | 4.8 | 4.9 | 4.8 | 0.0 |
| 居民服务、修理和其他服务业 | 4.6 | 4.7 | 4.6 | 4.4 | 4.3 | 0.3 |
| 各类专业设计与咨询服务业 | 4.3 | 4.7 | 4.9 | 4.7 | 4.5 | −0.2 |
| 金融业 | 4.2 | 4.6 | 5.2 | 6.6 | 7.5 | −3.3 |
| 住宿和餐饮业 | 3.9 | 3.9 | 3.5 | 3.2 | 3.3 | 0.6 |
| 机械设备制造业 | 3.3 | 3.1 | 2.9 | 3.1 | 3.0 | 0.3 |
| 政府及公共管理 | 3.0 | 3.2 | 3.3 | 3.1 | 3.0 | 0.0 |
| 文化、体育和娱乐业 | 3.0 | 3.1 | 2.8 | 2.9 | 2.8 | 0.2 |
| 房地产开发及租赁业 | 2.9 | 3.0 | 3.1 | 3.1 | 3.2 | −0.3 |
| 运输业 | 2.8 | 3.0 | 3.0 | 3.1 | 3.1 | −0.3 |
| 农、林、牧、渔业 | 2.3 | 1.9 | 1.9 | 1.8 | 1.5 | 0.8 |
| 行政、商业和环境保护辅助业 | 2.3 | 2.4 | 2.5 | 2.3 | 2.3 | 0.0 |
| 化学品、化工、塑胶制造业 | 2.3 | 2.3 | 2.5 | 2.4 | 2.7 | −0.4 |
| 医药及设备制造业 | 2.1 | 2.1 | 1.9 | 1.7 | 1.8 | 0.3 |
| 交通运输设备制造业 | 2.0 | 2.1 | 2.5 | 2.7 | 2.7 | −0.7 |
| 电力、热力、燃气及水生产和供应业 | 2.0 | 1.8 | 1.3 | 1.7 | 1.9 | 0.1 |
| 纺织、服装、皮革制造业 | 1.7 | 1.7 | 1.5 | 1.4 | 1.5 | 0.2 |
| 邮递、物流及仓储业 | 1.6 | 1.5 | 1.6 | 1.6 | 1.9 | −0.3 |
| 食品、烟草、加工业 | 1.5 | 1.5 | 1.7 | 1.6 | 1.7 | −0.2 |

| | | | | | | 续表 |
|---|---|---|---|---|---|---|
| 行业类名称 | 2020届 | 2019届 | 2018届 | 2017届 | 2016届 | 五年变化 |
| 批发业 | 1.5 | 1.4 | 1.7 | 1.7 | 1.7 | −0.2 |
| 其他制造业 | 1.2 | 1.0 | 0.6 | 0.5 | 0.5 | 0.7 |
| 家具制造业 | 0.9 | 0.9 | 0.9 | 1.1 | 1.1 | −0.2 |
| 初级金属制造业 | 0.9 | 0.8 | 0.8 | 0.7 | 0.7 | 0.2 |
| 采矿业 | 0.7 | 0.6 | 0.5 | 0.4 | 0.4 | 0.3 |
| 玻璃黏土、石灰水泥制品业 | 0.6 | 0.5 | 0.6 | 0.5 | 0.4 | 0.2 |
| 其他租赁业 | 0.3 | 0.3 | 0.2 | 0.2 | 0.2 | 0.1 |
| 木品和纸品业 | 0.2 | 0.3 | 0.4 | 0.4 | 0.5 | −0.3 |
| 群众团体、社会团体和宗教组织 | 0.2 | 0.2 | 0.1 | 0.2 | 0.2 | 0.0 |

注：表中数字均保留一位小数，因为四舍五入进位，加起来可能不等于100%。
数据来源：麦可思－中国2016~2020届大学毕业生培养质量跟踪评价。

其中，建筑业作为传统支柱产业在疫情得到控制后恢复增长较快，且该领域的政策性岗位在疫情下扩大了对应届毕业生的招录规模，2020届高职毕业生在建筑业就业的比例相比2019届回升；与此同时，毕业生在"电子电气设备制造业"、"机械设备制造业"、"电力、热力、燃气及水生产和供应业"、"初级金属制造业"、"采矿业"等支柱产业就业的比例也保持稳定。

网上零售等新业态新模式在疫情下逆势增长，为毕业生就业提供了更多选择，高职毕业生在零售业就业的比例呈现上升趋势。服务性产业受疫情冲击较大，2020届高职毕业生在"各类专业设计与咨询服务业"、"金融业"、"房地产开发及租赁业"等行业类就业的比例较2019届均有不同程度的下降。

此外，近五年高职毕业生在"农、林、牧、渔业"就业的比例持续上升（五年内上升了0.8个百分点）。伴随国家全面实施乡村振兴战略、稳步推进农业现代化，毕业生在现代农业领域也将拥有更多就业机遇。

表 3-2　2020 届高职毕业生就业量最大的前 50 位行业

单位：%

| 行业名称 | 就业比例 |
| --- | --- |
| 居民服务业 | 2.9 |
| 幼儿园与学前教育机构 | 2.6 |
| 住宅建筑施工业 | 2.4 |
| 中小学教育机构 | 2.3 |
| 高速公路、街道及桥梁建筑业 | 2.3 |
| 建筑基础、结构、楼房外观承建业 | 2.1 |
| 综合医院 | 2.0 |
| 建筑装修业 | 1.9 |
| 综合性餐饮业 | 1.8 |
| 互联网运营与网络搜索引擎业 | 1.7 |
| 发电、输电业 | 1.6 |
| 药品和医药制造业 | 1.4 |
| 软件开发业 | 1.4 |
| 基层医疗卫生服务机构 | 1.4 |
| 其他信息服务业 | 1.3 |
| 物流仓储业 | 1.3 |
| 其他金融投资业 | 1.3 |
| 百货零售业 | 1.2 |
| 其他制造业 | 1.2 |
| 非住宅建筑施工业 | 1.2 |
| 会计、审计与税务服务业 | 1.1 |
| 半导体和其他电子元件制造业 | 1.1 |
| 教育辅助服务业 | 1.1 |
| 其他娱乐和休闲产业 | 1.1 |
| 其他零售业 | 1.1 |
| 保险代理、经销、其他保险相关业 | 1.0 |
| 其他学院和培训机构 | 1.0 |
| 房地产开发业 | 0.9 |
| 广告及相关服务业 | 0.8 |
| 旅客住宿业 | 0.8 |

| 行业名称 | 就业比例 | 续表 |
|---|---|---|
| 专科医院 | 0.8 | |
| 快餐业 | 0.8 | |
| 通信设备制造业 | 0.8 | |
| 建筑、工程及相关咨询服务业 | 0.7 | |
| 电气设备制造业 | 0.7 | |
| 医疗设备及用品制造业 | 0.7 | |
| 计算机及外围设备制造业 | 0.7 | |
| 地产代理和经纪人办事处 | 0.7 | |
| 其他地产相关业 | 0.7 | |
| 其他化工产品制造业 | 0.7 | |
| 汽车保养与维修业 | 0.7 | |
| 牙医诊所 | 0.7 | |
| 房地产租赁业 | 0.7 | |
| 其他通用机械设备制造业 | 0.6 | |
| 养猪业 | 0.6 | |
| 其他食品制造业 | 0.6 | |
| 其他医疗健康服务机构 | 0.6 | |
| 保险机构 | 0.6 | |
| 铁路运输业 | 0.6 | |
| 其他服务业 | 0.6 | |

数据来源：麦可思－中国2020届大学毕业生培养质量跟踪评价。

## （二）主要行业的就业稳定性

行业转换率：行业转换是指毕业生在毕业半年后就业于某行业（小类），而毕业三年后进入不同的行业就业。行业转换率是指有多大比例的毕业生在毕业三年内转换了行业。其计算方法为：分母是毕业半年后有工作的毕业生数，分子是毕业三年后所在行业与半年后所在行业不同的毕业生数。

2017届高职毕业生工作三年内有51%转换了行业，与2016届（51%）

持平。2017届"双高"院校、其他高职院校的行业转换率与2016届相比保持平稳，分别为49%、51%（见图3-4）。从各专业大类来看，文化艺术大类、旅游大类、财经商贸大类、电子信息大类毕业生三年内的行业转换率持续较高（2017届分别为65%、60%、60%、60%），医药卫生大类毕业生三年内的行业转换率持续最低（28%）（见表3-3）。文化艺术大类、旅游大类、财经商贸大类、电子信息大类专业主要服务于消费性服务领域，人员流动较为频繁；而医药卫生大类主要面向医疗机构，就业更为稳定。

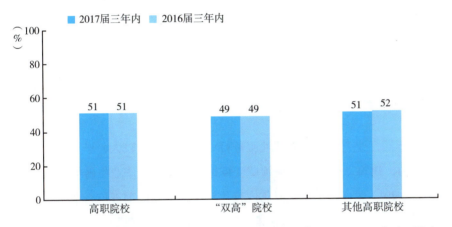

图3-4　2017届高职毕业生毕业三年内的行业转换率（与2016届三年内对比）

数据来源：麦可思－中国2016届、2017届大学毕业生三年后职业发展跟踪评价，2016届、2017届大学毕业生培养质量跟踪评价。

| 表3-3　2017届高职各专业大类三年内的行业转换率（与2016届三年内对比） | | |
|---|---|---|
| | | 单位：% |
| 高职专业大类名称 | 2017届毕业三年内行业转换率 | 2016届毕业三年内行业转换率 |
| 文化艺术大类 | 65 | 66 |
| 旅游大类 | 60 | 60 |
| 财经商贸大类 | 60 | 61 |
| 电子信息大类 | 60 | 60 |
| 食品药品与粮食大类 | 57 | 58 |
| 装备制造大类 | 54 | 55 |

| | | 续表 |
|---|---|---|
| 高职专业大类名称 | 2017 届毕业三年内行业转换率 | 2016 届毕业三年内行业转换率 |
| 土木建筑大类 | 50 | 51 |
| 农林牧渔大类 | 48 | 47 |
| 生物与化工大类 | 47 | 45 |
| 资源环境与安全大类 | 44 | 44 |
| 教育与体育大类 | 42 | 43 |
| 交通运输大类 | 34 | 36 |
| 能源动力与材料大类 | 32 | 30 |
| 医药卫生大类 | 28 | 28 |
| 全国高职 | 51 | 51 |

注：个别专业大类因为样本较少，没有包括在内。

数据来源：麦可思－中国 2016 届、2017 届大学毕业生三年后职业发展跟踪评价，2016 届、2017 届大学毕业生培养质量跟踪评价。

从不同行业类来看，消费性服务行业受疫情冲击较大，毕业生转换率较高；电力、建筑、公共服务等领域受疫情影响较小，毕业生转换率较低。具体来看，2017 届高职毕业生三年内行业转换率最高的前五位行业类是"批发业"（78%）、"文化、体育和娱乐业"（76%）、"金融业"（72%）、"零售业"（71%）、"信息传输、软件和信息技术服务业"（69%）；2017 届高职毕业生三年内行业转换率最低的前五位行业类是"电力、热力、燃气及水生产和供应业"（29%）、"运输业"（36%）、"医疗和社会护理服务业"（39%）、"教育业"（40%）、"建筑业"（45%），这些领域的单位以国企、事业单位为主，就业较为稳定（见图 3-5、图 3-6）。

## （三）从事的主要职业及变化趋势

职业：根据麦可思中国职业分类体系，本次跟踪评价覆盖了高职毕业生能够从事的 554 个职业。

本节各表中的"就业比例"＝在某类职业中就业的高职毕业生人数／全国同届次高职毕业生就业总数。

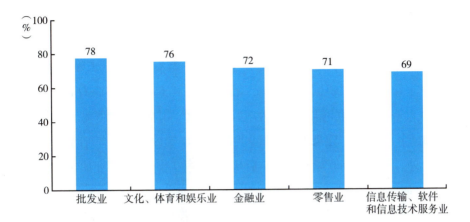

**图 3-5 2017 届高职毕业生三年内行业转换率最高的前五位行业类**

注：毕业生规模过小的行业类不包括在此排序中。

数据来源：麦可思 - 中国 2017 届大学毕业生三年后职业发展跟踪评价，2017 届大学毕业生培养质量跟踪评价。

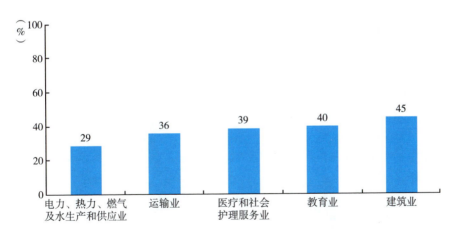

**图 3-6 2017 届高职毕业生三年内行业转换率最低的前五位行业类**

注：毕业生规模过小的行业类不包括在此排序中。

数据来源：麦可思 - 中国 2017 届大学毕业生三年后职业发展跟踪评价，2017 届大学毕业生培养质量跟踪评价。

疫情下网上零售等新业态新模式逆势增长，销售人员占比稳中有升；另外，建筑等领域的政策性岗位扩大了对应届毕业生的招录规模，高职从事建筑工程类岗位的占比有所回升。从毕业生就业岗位的占比来看，2020届高职毕业生半年后就业最多的职业类是"销售"（9.9%），其后是"建筑工程"（8.1%）、"财务/审计/税务/统计"（7.7%）、"行政/后勤"（7.2%）、"医疗保健/紧急救助"（6.6%）、"互联网开发及应用"（4.4%）等，其中"销售"职业类的占比近四届呈上升趋势，"建筑工程"职业类的占比与2019届相比有所回升。

另外，近五年高职毕业生半年后从事农/林/牧/渔类职业的比例持续升高，2020届就业比例为1.7%，与2016届相比增加了0.7个百分点（见表3-4）。随着振兴乡村建设的深入推进，适应现代农业发展需要的技术技能人才需求将进一步扩大。

表3-4　2016~2020届高职毕业生从事的主要职业类变化趋势

单位：%，个百分点

| 职业类名称 | 2020届 | 2019届 | 2018届 | 2017届 | 2016届 | 五年变化 |
|---|---|---|---|---|---|---|
| 销售 | 9.9 | 9.8 | 8.9 | 8.9 | 10.8 | -0.9 |
| 建筑工程 | 8.1 | 7.8 | 7.9 | 8.4 | 8.3 | -0.2 |
| 财务/审计/税务/统计 | 7.7 | 7.7 | 8.1 | 9.0 | 10.0 | -2.3 |
| 行政/后勤 | 7.2 | 7.1 | 7.6 | 7.3 | 7.3 | -0.1 |
| 医疗保健/紧急救助 | 6.6 | 6.6 | 6.8 | 6.8 | 6.6 | 0.0 |
| 互联网开发及应用 | 4.4 | 4.5 | 4.4 | 4.2 | 3.5 | 0.9 |
| 餐饮/娱乐 | 3.3 | 3.2 | 3.0 | 2.6 | 2.5 | 0.8 |
| 电气/电子（不包括计算机） | 3.1 | 3.0 | 3.0 | 3.1 | 3.2 | -0.1 |
| 美术/设计/创意 | 3.0 | 3.0 | 3.3 | 3.5 | 3.3 | -0.3 |
| 金融（银行/基金/证券/期货/理财） | 3.0 | 3.1 | 3.8 | 4.7 | 4.4 | -1.4 |
| 计算机与数据处理 | 2.9 | 2.9 | 2.9 | 2.7 | 2.9 | 0.0 |
| 机械/仪器仪表 | 2.8 | 2.8 | 2.9 | 2.8 | 2.7 | 0.1 |
| 交通运输/邮电 | 2.6 | 2.6 | 2.4 | 2.4 | 2.5 | 0.1 |
| 幼儿与学前教育 | 2.5 | 2.5 | 2.2 | 1.9 | 1.7 | 0.8 |

续表

| 职业类名称 | 2020届 | 2019届 | 2018届 | 2017届 | 2016届 | 五年变化 |
|---|---|---|---|---|---|---|
| 生产 / 运营 | 2.5 | 2.4 | 2.1 | 2.0 | 1.9 | 0.6 |
| 媒体 / 出版 | 2.2 | 2.1 | 2.7 | 2.7 | 1.8 | 0.4 |
| 中小学教育 | 2.1 | 2.1 | 2.1 | 1.9 | 1.9 | 0.2 |
| 生物 / 化工 | 1.9 | 1.9 | 1.8 | 1.5 | 1.8 | 0.1 |
| 机动车机械 / 电子 | 1.9 | 1.8 | 1.9 | 2.1 | 2.1 | −0.2 |
| 房地产经营 | 1.8 | 1.9 | 2.0 | 2.1 | 2.1 | −0.3 |
| 人力资源 | 1.8 | 1.8 | 1.8 | 1.6 | 1.6 | 0.2 |
| 农 / 林 / 牧 / 渔类 | 1.7 | 1.5 | 1.5 | 1.4 | 1.0 | 0.7 |
| 电力 / 能源 | 1.6 | 1.5 | 1.4 | 1.9 | 2.0 | −0.4 |
| 职业 / 教育培训 | 1.5 | 1.6 | 1.2 | 1.1 | 1.1 | 0.4 |
| 酒店 / 旅游 / 会展 | 1.5 | 1.9 | 1.8 | 1.5 | 1.5 | 0.0 |
| 保险 | 1.4 | 1.4 | 1.6 | 1.8 | 1.6 | −0.2 |
| 物流 / 采购 | 1.4 | 1.4 | 1.6 | 1.4 | 1.7 | −0.3 |
| 表演艺术 / 影视 | 1.2 | 1.1 | 0.9 | 0.7 | 0.8 | 0.4 |
| 工业安全与质量 | 0.9 | 1.0 | 0.9 | 0.9 | 0.9 | |
| 公安 / 检察 / 法院 / 经济执法 | 0.9 | 1.1 | 1.0 | 0.9 | 0.8 | 0.1 |
| 社区工作者 | 0.8 | 0.7 | 0.7 | 0.7 | 0.7 | 0.1 |
| 经营管理 | 0.8 | 0.7 | 0.7 | 0.7 | 0.7 | 0.1 |
| 美容 / 健身 | 0.7 | 0.7 | 0.7 | 0.7 | 0.5 | 0.2 |
| 环境保护 | 0.5 | 0.6 | 0.7 | 0.6 | 0.5 | 0.0 |
| 文化 / 体育 | 0.5 | 0.6 | 0.5 | 0.3 | 0.3 | 0.2 |
| 矿山 / 石油 | 0.4 | 0.4 | 0.4 | 0.3 | 0.3 | 0.1 |
| 服装 / 纺织 / 皮革 | 0.4 | 0.5 | 0.6 | 0.5 | 0.6 | −0.2 |
| 航空机械 / 电子 | 0.4 | 0.4 | 0.4 | 0.4 | 0.3 | 0.1 |
| 测绘 | 0.4 | 0.4 | 0.5 | 0.5 | 0.6 | −0.2 |
| 船舶机械 | 0.3 | 0.3 | 0.1 | 0.1 | 0.1 | 0.2 |
| 冶金材料 | 0.3 | 0.3 | 0.2 | 0.2 | 0.1 | 0.2 |
| 家政 | 0.2 | 0.0 | 0.0 | 0.0 | 0.0 | 0.2 |

续表

| 职业类名称 | 2020届 | 2019届 | 2018届 | 2017届 | 2016届 | 五年变化 |
|---|---|---|---|---|---|---|
| 家用/办公电器维修 | 0.2 | 0.2 | 0.2 | 0.2 | 0.2 | 0.0 |
| 研究人员 | 0.2 | 0.2 | 0.2 | 0.2 | 0.2 | 0.0 |
| 公共关系 | 0.1 | 0.2 | 0.2 | 0.2 | 0.2 | −0.1 |
| 翻译 | 0.1 | 0.2 | 0.1 | 0.1 | 0.1 | 0.0 |

注：表中数字均保留1位小数，因为四舍五入进位，加起来可能不等于100%。
数据来源：麦可思-中国2016~2020届大学毕业生培养质量跟踪评价。

表3-5　2020届高职毕业生就业量最大的前50位职业

单位：%

| 职业名称 | 就业比例 |
|---|---|
| 文员 | 4.5 |
| 会计 | 4.0 |
| 护士 | 3.0 |
| 电子商务专员 | 2.2 |
| 客服专员 | 2.0 |
| 建筑技术人员 | 1.9 |
| 幼儿教师 | 1.9 |
| 小学教师 | 1.5 |
| 营业员 | 1.5 |
| 各类销售服务人员 | 1.5 |
| 房地产经纪人 | 1.4 |
| 餐饮服务生 | 1.4 |
| 室内设计师 | 1.3 |
| 教育培训人员 | 1.3 |
| 施工工程技术人员 | 1.2 |
| 行政秘书和行政助理 | 1.2 |
| 互联网开发人员 | 1.0 |
| 医生助理 | 1.0 |
| 测量技术人员 | 0.9 |
| 土木建筑工程技术人员 | 0.8 |

续表

| 职业名称 | 就业比例 |
| --- | --- |
| 化工厂系统操作人员 | 0.8 |
| 推销员 | 0.8 |
| 预算员 | 0.8 |
| 平面设计人员 | 0.7 |
| 旅店服务人员 | 0.7 |
| 电厂操作人员 | 0.6 |
| 招聘专职人员 | 0.6 |
| 信息支持与服务人员 | 0.6 |
| 出纳员 | 0.6 |
| 网上商家 | 0.6 |
| 收银员 | 0.6 |
| 销售经理 | 0.6 |
| 化学技术人员 | 0.6 |
| 管理工程技术人员 | 0.6 |
| 包装设计师 | 0.6 |
| 工程造价人员 | 0.6 |
| 档案管理员 | 0.6 |
| 运营经理 | 0.5 |
| 电气技术人员 | 0.5 |
| 保单管理人员 | 0.5 |
| 计算机程序员 | 0.5 |
| 车身修理技术人员 | 0.5 |
| 室内装饰技术人员 | 0.5 |
| 保险推销人员 | 0.5 |
| 银行柜员 | 0.5 |
| 医学和临床实验室技术人员 | 0.5 |
| 销售技术人员 | 0.5 |
| 销售代表（医疗用品） | 0.5 |
| 人力资源助理 | 0.5 |
| 金融服务销售商 | 0.5 |

数据来源：麦可思－中国 2020 届大学毕业生培养质量跟踪评价。

### （四）主要职业的就业稳定性

**职业转换：**职业转换是指毕业生在毕业半年后从事某种职业，毕业三年后由原职业转换到不同的职业。转换职业通常在工作单位内部完成的并不代表离职；反过来讲，更换雇主可能也不代表转换职业。

**职业转换率：**职业转换率是指有多大比例的毕业生在毕业三年内转换了职业。其计算方法为：分母是毕业半年后有工作的毕业生数，分子是毕业三年后从事的职业与半年后从事的职业不同的毕业生数。

2017届高职毕业生工作三年内有46%转换了职业，较2016届（48%）下降2个百分点；其中"双高"院校职业转换率基本持稳，其他高职院校职业转换率有所下降，2017届分别为45%、46%（见图3-7）。从各专业大类来看，旅游大类、文化艺术大类毕业生三年内的职业转换率持续较高（2017届分别为59%、55%），装备制造大类毕业生三年内的职业转换率（52%）较2016届（55%）有所下降，医药卫生大类毕业生三年内的职业转换率持续较低（2017届为31%）（见表3-6）。

职业转换与岗位发展有关，旅游大类、文化艺术大类的就业领域覆盖面

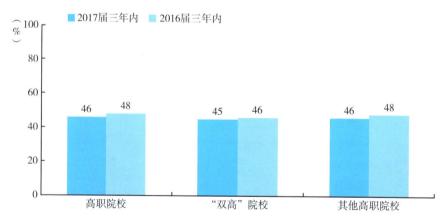

图 3-7　2017 届高职毕业生毕业三年内的职业转换率（与 2016 届三年内对比）

数据来源：麦可思 - 中国 2016 届、2017 届大学毕业生三年后职业发展跟踪评价，2016 届、2017 届大学毕业生培养质量跟踪评价。

较广，加之受疫情影响，岗位流动性较大；而医药卫生大类毕业生从事专业相关工作的比例较高，岗位的专业性较强，稳定程度较高。

表3-6　2017届高职各专业大类三年内的职业转换率（与2016届三年内对比）

单位：%

| 高职专业大类名称 | 2017届毕业三年内职业转换率 | 2016届毕业三年内职业转换率 |
| --- | --- | --- |
| 旅游大类 | 59 | 60 |
| 文化艺术大类 | 55 | 55 |
| 装备制造大类 | 52 | 55 |
| 食品药品与粮食大类 | 52 | 54 |
| 电子信息大类 | 51 | 52 |
| 农林牧渔大类 | 50 | 51 |
| 资源环境与安全大类 | 49 | 50 |
| 财经商贸大类 | 49 | 50 |
| 土木建筑大类 | 48 | 49 |
| 生物与化工大类 | 41 | 42 |
| 教育与体育大类 | 40 | 41 |
| 交通运输大类 | 36 | 39 |
| 能源动力与材料大类 | 35 | 35 |
| 医药卫生大类 | 31 | 30 |
| 全国高职 | 46 | 48 |

注：个别专业大类因为样本较少，没有包括在内。

数据来源：麦可思－中国2016届、2017届大学毕业生三年后职业发展跟踪评价，2016届、2017届大学毕业生培养质量跟踪评价。

## 三　用人单位流向分析

民企是雇用高职毕业生的主力军，国企对能源、化工、交通运输等专业的招录规模有所扩大。高职毕业生在各类单位就业的比例近三年比较稳定，2020届高职毕业生在民营企业就业的比例（69%）最高，其后是国有企业（16%）、政府机构/科研或其他事业单位（9%）。从各专业大类来看，文化艺术大类、新闻传播大类、电子信息大类、财经商贸大类在民企就业更多，医药卫生大类则主要在医院，这也和各专业大类的人才培养目标定位有关（见图 3-8、图 3-9）。

图 3-8　2018~2020 届高职毕业生就业的用人单位类型分布变化趋势

数据来源：麦可思－中国 2018~2020 届大学毕业生培养质量跟踪评价。

此外，能源动力与材料大类、交通运输大类、生物与化工大类在国企就业的比例较 2019 届明显上升。近年来国家稳步推进传统产业转型升级，着力推动钢铁、有色、化工等原材料产业布局优化和结构调整，并着力构建和完善现代能源体系和现代化综合交通运输体系，另外疫情下上述领域的国企扩大了对应届毕业生的招录规模，为相关专业毕业生提供了较多就业机会。

中小微企业是吸纳高职毕业生的主体，另外大型企业就业比例有所上升，尤其是在能源、化工、交通运输等领域。高职毕业生在各规模企业就业的比例近三年比较稳定，2020 届高职毕业生在 300 人及以下规模的企业就业的比例（61%）最高；其次是 3000 人以上规模的大企业（18%），较 2018 届（16%）有所上升。从各专业大类来看，教育与体育大类、新闻传播大类、文化艺术大类在 300 人及以下规模的单位就业更多，交通运输大类、

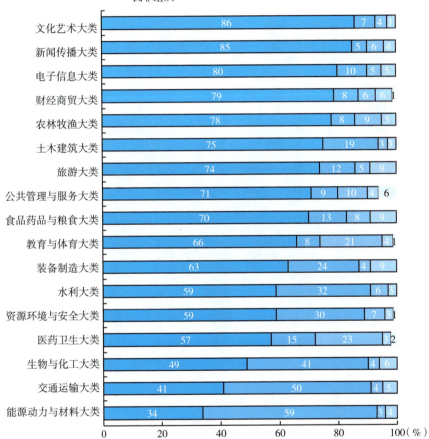

图 3-9　2020届高职各专业大类毕业生就业的用人单位类型分布

注：个别专业大类因为样本较少，没有包括在内。

数据来源：麦可思－中国2020届大学毕业生培养质量跟踪评价。

能源动力与材料大类在3000人以上规模的单位就业比例更高（见图3-10、图3-11）。

图3-10 2018~2020届高职毕业生就业的用人单位规模分布变化趋势

数据来源：麦可思－中国2018~2020届大学毕业生培养质量跟踪评价。

## 四 专业预警分析

红牌专业指的是失业量较大，就业率、薪资和就业满意度综合较低的专业。黄牌专业指的是除红牌专业外，失业量较大，就业率、薪资和就业满意度综合较低的专业。绿牌专业指的是失业量较小，就业率、薪资和就业满意度综合较高的专业，为需求增长型专业。红黄绿牌专业反映的是全国总体情况，各省（区、市）、各高校情况可能会有差别。

2021年高职就业绿牌专业包括：铁道机车、铁道供电技术、铁道工程技术、社会体育、电力系统继电保护与自动化技术、道路桥梁工程技术。其中，社会体育连续三届绿牌。行业需求增长是造就绿牌专业的主要因素。

2021年高职就业红牌专业包括：英语教育、小学教育、烹调工艺与营养、语文教育、法律事务。其中，语文教育、法律事务连续三届红牌。这与相关专业毕业生供需矛盾有关（见表3-7）。

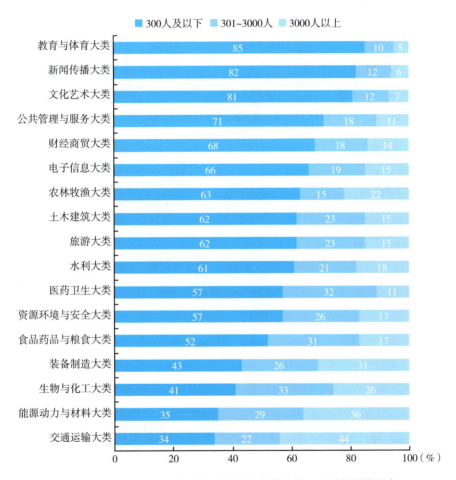

图3-11 2020届高职各专业大类毕业生就业的用人单位规模分布

注：个别专业大类因为样本较少，没有包括在内。

数据来源：麦可思－中国2020届大学毕业生培养质量跟踪评价。

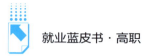

| 表3-7  2021年高职"红黄绿牌"专业 | | |
|---|---|---|
| 红牌专业 | 黄牌专业 | 绿牌专业 |
| 英语教育 | 影视动画 | 铁道机车 |
| 小学教育 | 会计 | 铁道供电技术 |
| 烹调工艺与营养 | 财务管理 | 铁道工程技术 |
| 语文教育 | 审计 | 社会体育 |
| 法律事务 | | 电力系统继电保护与自动化技术 |
| | | 道路桥梁工程技术 |

数据来源：麦可思－中国2018~2020届大学毕业生培养质量跟踪评价。

# B.4
# 高职毕业生收入分析

摘　要：应届高职毕业生的薪资在疫情下保持稳定。从不同就业地区来看，
　　　　长三角、珠三角地区的薪资保持较高水平，西部地区（陕甘宁青、
　　　　西南地区）工作三年后薪资涨幅较大；从不同行业来看，运输业
　　　　薪资保持领先，另外化工、采矿、冶金、农业等刚需产业薪资在
　　　　疫情下保持稳步增长。高等职业教育回报在毕业中期进一步显现，
　　　　工作三年的薪资是毕业时的1.7倍，工作五年的薪资是毕业时的2.3
　　　　倍。在民营企业、小微企业就业毕业生在工作三年后的薪资涨幅
　　　　最大，具有较大的发展潜力与活力。

关键词：教育回报　薪资涨幅　地区收入差异　行业薪资水平

## 一　总体收入分析

2020届毕业生薪资水平基本保持平稳。从近五年的数据来看，2016~2019届高职毕业生毕业半年后的月收入①持续上升，2020届（4253元）在疫情影响下仍保持基本稳定。从不同院校类型来看，"双高"院校、其他高职院校2020届毕业生半年后月收入分别达到4433元、4224元，均与2019届基本持平（见图4-1、图4-2）。

---

① 月收入：指工资、奖金、业绩提成、现金福利补贴等所有的月度现金收入。

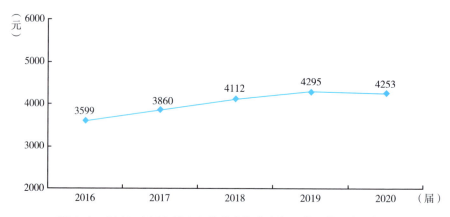

图4-1　2016~2020届高职毕业生毕业半年后的月收入变化趋势

数据来源：麦可思－中国2016~2020届大学毕业生培养质量跟踪评价。

图4-2　2016~2020届各类高职院校毕业生毕业半年后的月收入变化趋势

数据来源：麦可思－中国2016~2020届大学毕业生培养质量跟踪评价。

　　教育回报在毕业中期进一步显现。从毕业生工作三年和工作五年[①]的薪资水平来看，工作三年的月收入达到6680元，与同届毕业时（3860元）相比涨幅达73%；工作五年的月收入进一步提升到7960元，与同届毕业时（3409

─────────────

① 　**工作三年和工作五年月收入**：分别指的是2017届大学生毕业三年后和2015届毕业五年后的月收入。

　　三年后月收入涨幅＝（毕业三年后的月收入－毕业半年后的月收入）/毕业半年后的月收入。

　　五年后月收入涨幅＝（毕业五年后的月收入－毕业半年后的月收入）/毕业半年后的月收入。

元）相比涨幅达到133%。

从不同院校类型来看，相对于毕业半年时月收入，"双高"院校和其他高职院校毕业生工作三年的月收入分别为6919元、6641元，涨幅均为73%；到工作五年后，"双高"院校涨幅优势显现，涨幅分别达到137%、133%（见图4-3、图4-4）。

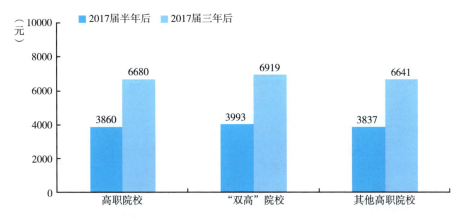

图 4-3　2017 届高职毕业生毕业三年后的月收入（与 2017 届半年后对比）

数据来源：麦可思－中国 2017 届大学毕业生三年后职业发展跟踪评价，2017 届大学毕业生培养质量跟踪评价。

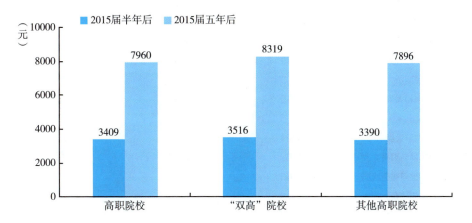

图 4-4　2015 届高职毕业生毕业五年后的月收入（与 2015 届半年后对比）

数据来源：麦可思－中国 2015 届大学毕业生五年后职业发展跟踪评价，2015 届大学毕业生培养质量跟踪评价。

## 二 各专业收入分析

交通运输大类、装备制造大类、电子信息大类月收入持续位列前三。从各专业大类毕业半年后的月收入来看，2020届交通运输大类月收入（4938元）最高，其后是装备制造大类、电子信息大类（分别为4691元、4585元）。从2017届毕业三年后的月收入来看，上述专业大类继续保持前三，其中电子信息大类月收入（7487元）反超交通运输大类（7426元）排在第一。此外，土木建筑大类工作三年后逐渐发力，月收入（6950元）升至第四，涨幅（84%）最大（见表4-1、表4-2）。

表4-1 2018~2020届高职各专业大类毕业半年后的月收入

单位：元

| 高职专业大类名称 | 2020届 | 2019届 | 2018届 |
| --- | --- | --- | --- |
| 交通运输大类 | 4938 | 5043 | 4691 |
| 装备制造大类 | 4691 | 4637 | 4436 |
| 电子信息大类 | 4585 | 4642 | 4474 |
| 能源动力与材料大类 | 4571 | 4551 | 4320 |
| 生物与化工大类 | 4484 | 4446 | 4175 |
| 新闻传播大类 | 4381 | 4320 | 4087 |
| 资源环境与安全大类 | 4281 | 4358 | 4165 |
| 农林牧渔大类 | 4235 | 4154 | 3998 |
| 土木建筑大类 | 4233 | 4239 | 4038 |
| 财经商贸大类 | 4199 | 4170 | 4005 |
| 水利大类 | 4165 | 4222 | 3934 |
| 文化艺术大类 | 4155 | 4242 | 4139 |
| 旅游大类 | 4121 | 4163 | 4024 |
| 食品药品与粮食大类 | 4069 | 4057 | 3763 |
| 公共管理与服务大类 | 4006 | 4074 | 3911 |
| 教育与体育大类 | 3813 | 3858 | 3621 |
| 医药卫生大类 | 3687 | 3803 | 3649 |
| 全国高职 | 4253 | 4295 | 4112 |

注：个别专业大类因为样本较少，没有包括在内。

数据来源：麦可思－中国2018~2020届大学毕业生培养质量跟踪评价。

表4-2　2017届高职各专业大类毕业生毕业三年后的月收入与涨幅

单位：元，%

| 高职专业大类名称 | 毕业三年后的月收入 | 毕业半年后的月收入 | 月收入涨幅 |
|---|---|---|---|
| 电子信息大类 | 7487 | 4195 | 78 |
| 交通运输大类 | 7426 | 4319 | 72 |
| 装备制造大类 | 7189 | 4185 | 72 |
| 土木建筑大类 | 6950 | 3776 | 84 |
| 文化艺术大类 | 6800 | 3854 | 76 |
| 能源动力与材料大类 | 6608 | 4033 | 64 |
| 资源环境与安全大类 | 6539 | 3929 | 66 |
| 财经商贸大类 | 6495 | 3717 | 75 |
| 农林牧渔大类 | 6344 | 3709 | 71 |
| 生物与化工大类 | 6308 | 3870 | 63 |
| 旅游大类 | 6211 | 3761 | 65 |
| 医药卫生大类 | 5841 | 3448 | 69 |
| 食品药品与粮食大类 | 5827 | 3535 | 65 |
| 教育与体育大类 | 5670 | 3418 | 66 |
| 全国高职 | 6680 | 3860 | 73 |

注：个别专业大类因为样本较少，没有包括在内。

数据来源：麦可思－中国2017届大学毕业生三年后职业发展跟踪评价，2017届大学毕业生培养质量跟踪评价。

　　铁道运输类专业月收入持续最高，机械设计制造类月收入排名上升，食品药品管理类、药品制造类月收入增长最为明显。从主要专业类毕业半年后的月收入来看，铁道运输类专业连续三届保持第一，2020届月收入达到5149元；机械设计制造类月收入超过计算机类排在第二，计算机类排在第三，月收入分别为4788元、4770元（见表4-3）。

　　另外，疫情下防护用品、药品的需求激增，对相关专业人员的需求较大，其月收入增长较快。从近三年月收入的趋势变化来看，食品药品管理类、药品制造类月收入增长率排在前两位，与2018届相比分别增长了11.0%、10.7%（见表4-4）。

表 4-3  2018~2020 届高职主要专业类毕业生毕业半年后的月收入

单位：元

| 高职专业类名称 | 2020 届 | 2019 届 | 2018 届 |
|---|---|---|---|
| 铁道运输类 | 5149 | 5109 | 4902 |
| 机械设计制造类 | 4788 | 4707 | 4506 |
| 计算机类 | 4770 | 4883 | 4609 |
| 机电设备类 | 4753 | 4762 | 4404 |
| 化工技术类 | 4717 | 4673 | 4292 |
| 表演艺术类 | 4611 | 4584 | 4362 |
| 水上运输类 | 4603 | 4763 | 4438 |
| 电子信息类 | 4587 | 4657 | 4373 |
| 城市轨道交通类 | 4555 | 4494 | 4146 |
| 电力技术类 | 4535 | 4584 | 4345 |
| 市场营销类 | 4532 | 4613 | 4412 |
| 通信类 | 4526 | 4474 | 4146 |
| 道路运输类 | 4525 | 4520 | 4211 |
| 自动化类 | 4525 | 4449 | 4289 |
| 电子商务类 | 4513 | 4490 | 4378 |
| 物流类 | 4450 | 4381 | 4198 |
| 测绘地理信息类 | 4392 | 4460 | 4304 |
| 汽车制造类 | 4391 | 4406 | 4285 |
| 语言类 | 4353 | 4419 | 4027 |
| 工商管理类 | 4327 | 4403 | 4198 |
| 建筑设备类 | 4315 | 4276 | 4083 |
| 市政工程类 | 4292 | 4352 | 4082 |
| 经济贸易类 | 4290 | 4224 | 4021 |
| 广播影视类 | 4288 | 4347 | 4087 |
| 畜牧业类 | 4272 | 4168 | 4018 |
| 土建施工类 | 4248 | 4256 | 4045 |
| 金融类 | 4238 | 4277 | 4139 |
| 建设工程管理类 | 4230 | 4157 | 4005 |
| 食品药品管理类 | 4193 | 4167 | 3777 |
| 艺术设计类 | 4141 | 4229 | 4126 |

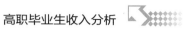

续表

| 高职专业类名称 | 2020 届 | 2019 届 | 2018 届 |
|---|---|---|---|
| 生物技术类 | 4132 | 4157 | 4014 |
| 林业类 | 4130 | 4194 | 3976 |
| 药品制造类 | 4097 | 4004 | 3702 |
| 旅游类 | 4062 | 4163 | 4025 |
| 医学技术类 | 4035 | 3978 | 3836 |
| 公共管理类 | 4016 | 4029 | 3927 |
| 房地产类 | 3980 | 4044 | 3827 |
| 康复治疗类 | 3945 | 4055 | 3768 |
| 食品工业类 | 3900 | 3939 | 3831 |
| 公共事业类 | 3885 | 3976 | 3832 |
| 农业类 | 3860 | 3830 | 3603 |
| 财务会计类 | 3853 | 3828 | 3685 |
| 建筑设计类 | 3846 | 3764 | 3635 |
| 药学类 | 3817 | 3741 | 3519 |
| 护理类 | 3765 | 3918 | 3761 |
| 教育类 | 3450 | 3466 | 3239 |
| 临床医学类 | 3258 | 3393 | 3245 |
| 全国高职 | 4253 | 4295 | 4112 |

注：个别专业类因为样本较少，没有包括在内。

数据来源：麦可思－中国 2018~2020 届大学毕业生培养质量跟踪评价。

| 表 4-4　2020 届高职毕业生半年后月收入增长最快的前十位专业类（与 2018 届对比） | | | |
|---|---|---|---|
| | | | 单位：%，元 |
| 高职专业类名称 | 增长率 [①] | 2020 届 | 2018 届 |
| 食品药品管理类 | 11.0 | 4193 | 3777 |
| 药品制造类 | 10.7 | 4097 | 3702 |
| 化工技术类 | 9.9 | 4717 | 4292 |
| 城市轨道交通类 | 9.9 | 4555 | 4146 |

---

① 月收入的"增长率"＝（2020 届毕业生的平均月收入－2018 届毕业生的平均月收入）/2018 届毕业生的平均月收入。月收入增长的幅度可能会受到基数的影响。

续表

| 高职专业类名称 | 增长率 | 2020 届 | 2018 届 |
|---|---|---|---|
| 通信类 | 9.2 | 4526 | 4146 |
| 药学类 | 8.5 | 3817 | 3519 |
| 语言类 | 8.1 | 4353 | 4027 |
| 机电设备类 | 7.9 | 4753 | 4404 |
| 道路运输类 | 7.5 | 4525 | 4211 |
| 农业类 | 7.1 | 3860 | 3603 |
| 全国高职 | 3.4 | 4253 | 4112 |

注：毕业生规模过小的专业类不包括在此排序中。

数据来源：麦可思－中国 2018 届、2020 届大学毕业生培养质量跟踪评价。

表4-5　2020届高职毕业生半年后月收入增长最慢的前十位专业类（与2018届对比）

单位：%，元

| 高职专业类名称 | 增长率 | 2020 届 | 2018 届 |
|---|---|---|---|
| 护理类 | 0.1 | 3765 | 3761 |
| 艺术设计类 | 0.4 | 4141 | 4126 |
| 临床医学类 | 0.4 | 3258 | 3245 |
| 旅游类 | 0.9 | 4062 | 4025 |
| 公共事业类 | 1.4 | 3885 | 3832 |
| 食品工业类 | 1.8 | 3900 | 3831 |
| 测绘地理信息类 | 2.1 | 4392 | 4304 |
| 公共管理类 | 2.3 | 4016 | 3927 |
| 金融类 | 2.4 | 4238 | 4139 |
| 汽车制造类 | 2.5 | 4391 | 4285 |
| 全国高职 | 3.4 | 4253 | 4112 |

注：毕业生规模过小的专业类不包括在此排序中。

数据来源：麦可思－中国 2018 届、2020 届大学毕业生培养质量跟踪评价。

　　毕业三年后铁道运输类、计算机类专业月收入优势明显，土建施工类、建筑设计类、计算机类专业薪资涨幅位列前三。从主要专业类毕业三年后的月收入来看，铁道运输类、计算机类月收入排前两位，月收入均接近8000元。

随着数字经济的不断发展，就业市场对计算机类专业人才的需求较大，其薪资优势得到了体现。

另外，从薪资增长来看，土建施工类毕业三年后月收入相比半年后涨幅（91%）最高，其后是建筑设计类（87%）、计算机类专业（85%）（见表4-6）。

表4-6　2017届高职主要专业类毕业生毕业三年后的月收入与涨幅

单位：元，%

| 高职专业类名称 | 毕业三年后的月收入 | 毕业半年后的月收入 | 月收入涨幅 |
| --- | --- | --- | --- |
| 铁道运输类 | 7986 | 4738 | 69 |
| 计算机类 | 7828 | 4232 | 85 |
| 电子信息类 | 7329 | 4103 | 79 |
| 机械设计制造类 | 7294 | 4190 | 74 |
| 土建施工类 | 7247 | 3794 | 91 |
| 市场营销类 | 7180 | 4097 | 75 |
| 艺术设计类 | 7049 | 3837 | 84 |
| 道路运输类 | 7012 | 3951 | 77 |
| 汽车制造类 | 6983 | 3972 | 76 |
| 电子商务类 | 6957 | 4028 | 73 |
| 自动化类 | 6902 | 4068 | 70 |
| 通信类 | 6839 | 3983 | 72 |
| 工商管理类 | 6688 | 3877 | 73 |
| 建设工程管理类 | 6682 | 3704 | 80 |
| 测绘地理信息类 | 6660 | 3989 | 67 |
| 机电设备类 | 6635 | 4152 | 60 |
| 经济贸易类 | 6619 | 3877 | 71 |
| 建筑设备类 | 6607 | 3732 | 77 |
| 城市轨道交通类 | 6556 | 3892 | 68 |
| 电力技术类 | 6554 | 4067 | 61 |
| 建筑设计类 | 6507 | 3474 | 87 |
| 化工技术类 | 6441 | 3988 | 62 |
| 物流类 | 6429 | 3883 | 66 |
| 畜牧业类 | 6395 | 3691 | 73 |

续表

| 高职专业类名称 | 毕业三年后的月收入 | 毕业半年后的月收入 | 月收入涨幅 |
|---|---|---|---|
| 金融类 | 6394 | 3979 | 61 |
| 药品制造类 | 6123 | 3498 | 75 |
| 语言类 | 6104 | 3799 | 61 |
| 旅游类 | 6044 | 3757 | 61 |
| 医学技术类 | 6001 | 3712 | 62 |
| 农业类 | 5919 | 3448 | 72 |
| 护理类 | 5883 | 3537 | 66 |
| 财务会计类 | 5857 | 3432 | 71 |
| 食品工业类 | 5519 | 3576 | 54 |
| 药学类 | 5497 | 3362 | 64 |
| 临床医学类 | 5495 | 3028 | 81 |
| 教育类 | 4846 | 3115 | 56 |
| 全国高职 | 6680 | 3860 | 73 |

注：个别专业类因为样本较少，没有包括在内。

数据来源：麦可思－中国 2017 届大学毕业生三年后职业发展跟踪评价，2017 届大学毕业生培养质量跟踪评价。

高职专业月收入 50 强排行榜中，交通运输大类、装备制造大类、电子信息大类专业入榜最多。排在前五位的专业分别为空中乘务、铁道工程技术、铁道机车、铁道供电技术、社会体育（见表 4-7）。

表 4-7　2020 届高职生毕业半年后月收入排前 50 位的主要专业

单位：元

| 高职专业名称 | 毕业半年后的平均月收入 |
|---|---|
| 空中乘务 | 5533 |
| 铁道工程技术 | 5503 |
| 铁道机车 | 5385 |
| 铁道供电技术 | 5225 |
| 社会体育 | 5225 |
| 软件技术 | 5166 |

| 高职专业名称 | 毕业半年后的平均月收入 |
|---|---|
| 云计算技术与应用 | 5058 |
| 铁道交通运营管理 | 5027 |
| 移动应用开发 | 4952 |
| 航海技术 | 4949 |
| 大数据技术与应用 | 4945 |
| 数控设备应用与维护 | 4861 |
| 石油化工技术 | 4858 |
| 数控技术 | 4839 |
| 机械制造与自动化 | 4832 |
| 信息安全与管理 | 4806 |
| 焊接技术与自动化 | 4762 |
| 道路桥梁工程技术 | 4754 |
| 医学美容技术 | 4752 |
| 电力系统继电保护与自动化技术 | 4741 |
| 计算机网络技术 | 4712 |
| 城市轨道交通工程技术 | 4696 |
| 计算机应用技术 | 4695 |
| 机械设计与制造 | 4691 |
| 汽车制造与装配技术 | 4661 |
| 城市轨道交通车辆技术 | 4656 |
| 计算机信息管理 | 4648 |
| 电子信息工程技术 | 4641 |
| 城市轨道交通机电技术 | 4613 |
| 工业机器人技术 | 4609 |
| 物联网应用技术 | 4606 |
| 发电厂及电力系统 | 4604 |
| 移动互联应用技术 | 4602 |
| 应用化工技术 | 4602 |
| 汽车营销与服务 | 4597 |
| 商务日语 | 4574 |

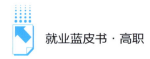
续表

| 高职专业名称 | 毕业半年后的平均月收入 |
| --- | --- |
| 电气自动化技术 | 4563 |
| 通信技术 | 4542 |
| 轮机工程技术 | 4533 |
| 应用电子技术 | 4530 |
| 机电设备维修与管理 | 4515 |
| 模具设计与制造 | 4510 |
| 市场营销 | 4510 |
| 电子商务 | 4506 |
| 机电一体化技术 | 4497 |
| 电子商务技术 | 4486 |
| 移动通信技术 | 4485 |
| 畜牧兽医 | 4485 |
| 数字媒体应用技术 | 4478 |
| 音乐表演 | 4477 |
| 全国高职 | 4253 |

注：毕业生规模过小的专业不包括在此排序中。

数据来源：麦可思－中国 2020 届大学毕业生培养质量跟踪评价。

## 三　就业地收入分析

不同区域的薪资水平差异明显。长三角与珠三角地区整体经济发达程度较高，且在疫情防控下复工复产较快，应届高职毕业生在长三角和珠三角地区的月收入优势明显，2020 届月收入分别为 4728 元、4503 元。另外从 2017 届毕业生三年后在各经济区域就业的月收入来看，长三角、珠三角地区依然处于较高水平，工作三年后的月收入分别达到 7258 元、7126 元；与毕业时月收入相比，陕甘宁青、西南地区月收入涨幅在各大区域经济体中较高，分别为 82%、80%（见表 4-8、表 4-9）。

表 4-8  2018~2020 届高职毕业生半年后在各经济区域就业的月收入变化趋势

单位：元

| 经济区域 | 2020 届 | 2019 届 | 2018 届 |
|---|---|---|---|
| 泛长江三角洲区域经济体 | 4728 | 4770 | 4476 |
| 泛珠江三角洲区域经济体 | 4503 | 4535 | 4392 |
| 西部生态经济区 | 4410 | 4359 | 4107 |
| 泛渤海湾区域经济体 | 4365 | 4355 | 4150 |
| 西南区域经济体 | 3902 | 3971 | 3858 |
| 中原区域经济体 | 3852 | 3919 | 3770 |
| 东北区域经济体 | 3751 | 3729 | 3626 |
| 陕甘宁青区域经济体 | 3724 | 3750 | 3602 |
| 全国高职 | 4253 | 4295 | 4112 |

数据来源：麦可思－中国 2018~2020 届大学毕业生培养质量跟踪评价。

表 4-9  2017 届高职毕业生三年后在各经济区域就业的月收入与涨幅

单位：元，%

| 经济区域 | 毕业三年后的月收入 | 毕业半年后的月收入 | 月收入涨幅 |
|---|---|---|---|
| 泛长江三角洲区域经济体 | 7258 | 4191 | 73 |
| 泛珠江三角洲区域经济体 | 7126 | 4088 | 74 |
| 西南区域经济体 | 6542 | 3628 | 80 |
| 泛渤海湾区域经济体 | 6360 | 3882 | 64 |
| 陕甘宁青区域经济体 | 6248 | 3428 | 82 |
| 中原区域经济体 | 6138 | 3559 | 72 |
| 东北区域经济体 | 5700 | 3411 | 67 |
| 全国高职 | 6680 | 3860 | 73 |

注：西部生态经济区因为样本较少，没有包括在内。

数据来源：麦可思－中国 2017 届大学毕业生三年后职业发展跟踪评价，2017 届大学毕业生培养质量跟踪评价。

新一线城市薪资水平受疫情影响较小，一线城市略微下降。从近五年应届高职毕业生在一线、新一线城市就业的月收入来看，2020 届一线城市的薪资水平为 5274 元，较 2019 届（5313 元）略微下降；新一线城市在 2020 届稳中有升，2020 届达到 4453 元（见图 4-5）。

另外，从 2017 届毕业三年后的月收入来看，一线城市、新一线城市的月收入分别达到 8568 元、6850 元，均高于全国高职平均水平（6680 元）（见图 4-6）。新一线城市不断培育和发展自身的优势产业，其薪资水平也将进一步提升。

图 4-5　2016~2020 届高职毕业生半年后在一线、新一线城市就业的月收入变化趋势

数据来源：麦可思－中国 2016~2020 届大学毕业生培养质量跟踪评价。

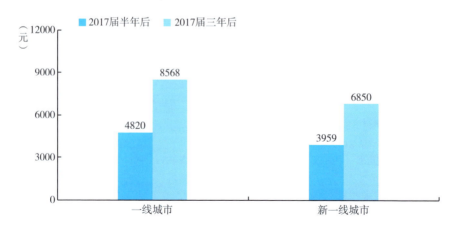

图 4-6　2017 届高职毕业生三年后在一线、新一线城市就业的月收入

数据来源：麦可思－中国 2017 届大学毕业生三年后职业发展跟踪评价，2017 届大学毕业生培养质量跟踪评价。

## 四　行业、职业收入分析

运输业月收入稳居榜首，金融、信息技术领域月收入增速放缓。从毕业生半年后在主要行业类的月收入来看，运输业月收入排在第一，2020届达到5408元，领先优势明显；另外信息传输/软件和信息技术服务业、金融业月收入分列第二、五位，2020届月收入分别为4818元、4583元，与2018届相比基本持平，增速放缓（见表4-10）。

表4-10　2018~2020届高职毕业生半年后在主要行业类的月收入

单位：元

| 高职行业类名称 | 2020届 | 2019届 | 2018届 |
| --- | --- | --- | --- |
| 运输业 | 5408 | 5458 | 4988 |
| 信息传输、软件和信息技术服务业 | 4818 | 4996 | 4805 |
| 电子电气设备制造业（含计算机、通信、家电等） | 4707 | 4710 | 4412 |
| 交通运输设备制造业 | 4587 | 4565 | 4265 |
| 金融业 | 4583 | 4601 | 4564 |
| 机械设备制造业 | 4567 | 4488 | 4257 |
| 邮递、物流及仓储业 | 4535 | 4451 | 4205 |
| 电力、热力、燃气及水生产和供应业 | 4530 | 4587 | 4250 |
| 初级金属制造业 | 4502 | 4472 | 4111 |
| 其他制造业 | 4478 | 4424 | 4269 |
| 化学品、化工、塑胶制造业 | 4472 | 4392 | 4019 |
| 文化、体育和娱乐业 | 4444 | 4551 | 4377 |
| 批发业 | 4396 | 4364 | 4113 |
| 房地产开发及租赁业 | 4391 | 4427 | 4419 |
| 医药及设备制造业 | 4376 | 4359 | 4067 |
| 家具制造业 | 4336 | 4313 | 4208 |
| 零售业 | 4315 | 4336 | 4125 |
| 采矿业 | 4298 | 4204 | 3909 |
| 农、林、牧、渔业 | 4219 | 4140 | 3880 |
| 食品、烟草、加工业 | 4151 | 4108 | 3823 |

续表

| 高职行业类名称 | 2020届 | 2019届 | 2018届 |
|---|---|---|---|
| 纺织、服装、皮革制造业 | 4151 | 4099 | 3896 |
| 行政、商业和环境保护辅助业 | 4073 | 4056 | 3957 |
| 建筑业 | 4049 | 4039 | 3847 |
| 玻璃黏土、石灰水泥制品业 | 4047 | 4055 | 3809 |
| 各类专业设计与咨询服务业 | 3995 | 4068 | 4033 |
| 居民服务、修理和其他服务业 | 3987 | 4034 | 3914 |
| 住宿和餐饮业 | 3966 | 3997 | 3897 |
| 政府及公共管理 | 3726 | 3796 | 3581 |
| 教育业 | 3669 | 3683 | 3439 |
| 医疗和社会护理服务业 | 3579 | 3718 | 3594 |
| 全国高职 | 4253 | 4295 | 4112 |

注：个别行业类因为样本较少，没有包括在内。

数据来源：麦可思－中国2018~2020届大学毕业生培养质量跟踪评价。

从月收入增长最快和最慢的五大行业类来看，化学品/化工/塑胶制造业、采矿业月收入增长明显，与2018届相比月收入增长率分别为11.3%、10.0%。受疫情影响，各类专业设计与咨询服务业、房地产开发及租赁业薪资出现负增长；另外，在医疗领域就业的毕业生因资格考试延期等因素影响，月收入增长相应延后（见表4-11、表4-12）。

**表4-11　2020届高职毕业生半年后月收入增长最快的前五位行业类（与2018届对比）**

单位：%，元

| 高职行业类名称 | 增长率 | 2020届 | 2018届 |
|---|---|---|---|
| 化学品、化工、塑胶制造业 | 11.3 | 4472 | 4019 |
| 采矿业 | 10.0 | 4298 | 3909 |
| 初级金属制造业 | 9.5 | 4502 | 4111 |
| 农、林、牧、渔业 | 8.7 | 4219 | 3880 |
| 食品、烟草、加工业 | 8.6 | 4151 | 3823 |
| 全国高职 | 3.4 | 4253 | 4112 |

注：毕业生规模过小的行业类不包括在此排序中。

数据来源：麦可思－中国2018届、2020届大学毕业生培养质量跟踪评价。

表4-12　2020届高职毕业生半年后月收入增长最慢的前五位行业类（与2018届对比）

单位：%，元

| 高职行业类名称 | 增长率 | 2020届 | 2018届 |
|---|---|---|---|
| 各类专业设计与咨询服务业 | −0.9 | 3995 | 4033 |
| 房地产开发及租赁业 | −0.6 | 4391 | 4419 |
| 医疗和社会护理服务业 | −0.4 | 3579 | 3594 |
| 信息传输、软件和信息技术服务业 | 0.3 | 4818 | 4805 |
| 金融业 | 0.4 | 4583 | 4564 |
| 全国高职 | 3.4 | 4253 | 4112 |

注：毕业生规模过小的行业类不包括在此排序中。

数据来源：麦可思 – 中国 2018 届、2020 届大学毕业生培养质量跟踪评价。

从 2017 届毕业三年后的月收入来看，排在前三位的是信息传输 / 软件和信息技术服务业、金融业、文化 / 体育和娱乐业，月收入均突破 7500 元。另外，从月收入涨幅来看，文化 / 体育和娱乐业、建筑业与半年后月收入相比涨幅较大，均接近 90%（见表 4-13）。

表4-13　2017届高职毕业生三年后在主要行业类的月收入与涨幅

单位：元，%

| 高职行业类名称 | 毕业三年后的平均月收入 | 毕业半年后的平均月收入 | 月收入涨幅 |
|---|---|---|---|
| 信息传输、软件和信息技术服务业 | 8132 | 4387 | 85 |
| 金融业 | 7641 | 4422 | 73 |
| 文化、体育和娱乐业 | 7607 | 4054 | 88 |
| 运输业 | 7389 | 4536 | 63 |
| 房地产开发及租赁业 | 6940 | 4257 | 63 |
| 零售业 | 6831 | 3840 | 78 |
| 批发业 | 6786 | 3911 | 74 |
| 各类专业设计与咨询服务业 | 6750 | 3755 | 80 |
| 建筑业 | 6726 | 3574 | 88 |
| 交通运输设备制造业 | 6683 | 4048 | 65 |

续表

| 高职行业类名称 | 毕业三年后的平均月收入 | 毕业半年后的平均月收入 | 月收入涨幅 |
|---|---|---|---|
| 电力、热力、燃气及水生产和供应业 | 6659 | 3859 | 73 |
| 电子电气设备制造业（含计算机、通信、家电等） | 6614 | 4129 | 60 |
| 医药及设备制造业 | 6522 | 3810 | 71 |
| 家具制造业 | 6407 | 3916 | 64 |
| 食品、烟草、加工业 | 6350 | 3570 | 78 |
| 邮递、物流及仓储业 | 6322 | 3827 | 65 |
| 农、林、牧、渔业 | 6294 | 3633 | 73 |
| 机械设备制造业 | 6261 | 3948 | 59 |
| 其他制造业 | 6231 | 3901 | 60 |
| 住宿和餐饮业 | 6212 | 3577 | 74 |
| 纺织、服装、皮革制造业 | 6187 | 3598 | 72 |
| 居民服务、修理和其他服务业 | 6090 | 3644 | 67 |
| 医疗和社会护理服务业 | 6020 | 3324 | 81 |
| 采矿业 | 5970 | 3746 | 59 |
| 化学品、化工、塑胶制造业 | 5860 | 3754 | 56 |
| 初级金属制造业 | 5635 | 3860 | 46 |
| 教育业 | 5625 | 3239 | 74 |
| 行政、商业和环境保护辅助业 | 5603 | 3641 | 54 |
| 政府及公共管理 | 5270 | 3368 | 56 |
| 全国高职 | 6680 | 3860 | 73 |

注：个别行业类因为样本较少，没有包括在内。

数据来源：麦可思－中国2017届大学毕业生三年后职业发展跟踪评价，2017届大学毕业生培养质量跟踪评价。

月收入排名前十的行业中，航空、铁路运输领域保持领先。具体来看，2020届航空运输服务业薪资水平（6015元）位列榜首，铁路运输业（5855元）紧随其后；互联网相关领域薪资水平也较高，软件开发业、互联网运营与网络搜索引擎业薪资分列第三、第七位；另外半导体和其他电子元件制造业、石油及煤制品制造业、工业成套设备制造业的薪资挤进前十（见图4-7）。

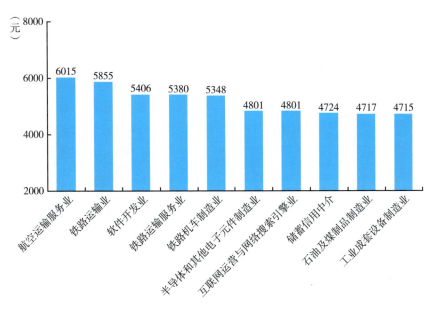

图 4-7　2020 届高职毕业生半年后月收入最高的前十位行业

注：毕业生规模过小的行业不包括在此排序中。

数据来源：麦可思－中国 2020 届大学毕业生培养质量跟踪评价。

交通运输／邮电类职业月收入最高，物流／采购类职业月收入增长较快。从毕业生半年后从事的主要职业类的月收入来看，交通运输／邮电职业月收入（5247 元）在 2020 届继续排在第一位，同时相比于 2018 届，其月收入增长率（9.7%）也排名靠前；另外，物流／采购类职业月收入增长最快，与 2018 届相比，月收入增长率达到 11.6%（见表 4-14、表 4-15）。

表 4-14　2018~2020 届高职毕业生半年后从事的主要职业类的月收入

单位：元

| 高职职业类名称 | 2020 届 | 2019 届 | 2018 届 |
|---|---|---|---|
| 交通运输／邮电 | 5247 | 5205 | 4782 |
| 航空机械／电子 | 5206 | 5202 | 4999 |
| 经营管理 | 5136 | 5186 | 5126 |
| 互联网开发及应用 | 4894 | 4969 | 4821 |
| 计算机与数据处理 | 4873 | 4974 | 4851 |
| 矿山／石油 | 4752 | 4667 | 4327 |

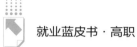

| | | | 续表 |
|---|---|---|---|
| 高职职业类名称 | 2020 届 | 2019 届 | 2018 届 |
| 电气 / 电子（不包括计算机） | 4749 | 4680 | 4415 |
| 表演艺术 / 影视 | 4732 | 4814 | 4512 |
| 房地产经营 | 4708 | 4861 | 4747 |
| 美容 / 健身 | 4675 | 4830 | 4766 |
| 金融（银行 / 基金 / 证券 / 期货 / 理财） | 4560 | 4666 | 4607 |
| 生产 / 运营 | 4550 | 4621 | 4473 |
| 机械 / 仪器仪表 | 4522 | 4445 | 4221 |
| 物流 / 采购 | 4509 | 4432 | 4040 |
| 电力 / 能源 | 4470 | 4431 | 4143 |
| 生物 / 化工 | 4469 | 4403 | 4086 |
| 工业安全与质量 | 4407 | 4433 | 4110 |
| 保险 | 4391 | 4487 | 4180 |
| 媒体 / 出版 | 4379 | 4443 | 4126 |
| 销售 | 4376 | 4493 | 4388 |
| 职业 / 教育培训 | 4284 | 4429 | 4256 |
| 建筑工程 | 4213 | 4144 | 3978 |
| 测绘 | 4208 | 4171 | 3923 |
| 机动车机械 / 电子 | 4204 | 4155 | 3821 |
| 农 / 林 / 牧 / 渔类 | 4203 | 4112 | 3889 |
| 人力资源 | 4175 | 4175 | 3915 |
| 文化 / 体育 | 4166 | 4307 | 4039 |
| 服装 / 纺织 / 皮革 | 4156 | 4101 | 3874 |
| 环境保护 | 4078 | 4032 | 3721 |
| 餐饮 / 娱乐 | 4043 | 4150 | 4022 |
| 美术 / 设计 / 创意 | 3993 | 4143 | 3968 |
| 酒店 / 旅游 / 会展 | 3966 | 3985 | 3831 |
| 公安 / 检察 / 法院 / 经济执法 | 3957 | 3893 | 3578 |
| 行政 / 后勤 | 3872 | 3835 | 3646 |
| 财务 / 审计 / 税务 / 统计 | 3793 | 3770 | 3666 |
| 社区工作者 | 3769 | 3758 | 3694 |

| 高职职业类名称 | 2020 届 | 2019 届 | 2018 届 |
|---|---|---|---|
| | | | 续表 |
| 中小学教育 | 3644 | 3761 | 3458 |
| 医疗保健 / 紧急救助 | 3554 | 3709 | 3454 |
| 幼儿与学前教育 | 3293 | 3415 | 3220 |
| 全国高职 | 4253 | 4295 | 4112 |

注：个别职业类因为样本较少，没有包括在内。

数据来源：麦可思－中国 2018~2020 届大学毕业生培养质量跟踪评价。

表 4-15　2020 届高职毕业生半年后月收入增长最快的前十位职业类（与 2018 届对比）

单位：%，元

| 高职职业类名称 | 增长率 | 2020 届 | 2018 届 |
|---|---|---|---|
| 物流 / 采购 | 11.6 | 4509 | 4040 |
| 公安 / 检察 / 法院 / 经济执法 | 10.6 | 3957 | 3578 |
| 机动车机械 / 电子 | 10.0 | 4204 | 3821 |
| 矿山 / 石油 | 9.8 | 4752 | 4327 |
| 交通运输 / 邮电 | 9.7 | 5247 | 4782 |
| 环境保护 | 9.6 | 4078 | 3721 |
| 生物 / 化工 | 9.4 | 4469 | 4086 |
| 农 / 林 / 牧 / 渔类 | 8.1 | 4203 | 3889 |
| 电力 / 能源 | 7.9 | 4470 | 4143 |
| 电气 / 电子（不包括计算机） | 7.6 | 4749 | 4415 |
| 全国高职 | 3.4 | 4253 | 4112 |

注：毕业生规模过小的职业类不包括在此排序中。

数据来源：麦可思－中国 2018 届、2020 届大学毕业生培养质量跟踪评价。

表 4-16　2020 届高职毕业生半年后月收入增长最慢的前十位职业类（与 2018 届对比）

单位：%，元

| 高职职业类名称 | 增长率 | 2020 届 | 2018 届 |
|---|---|---|---|
| 美容 / 健身 | -1.9 | 4675 | 4766 |
| 金融（银行 / 基金 / 证券 / 期货 / 理财） | -1.0 | 4560 | 4607 |
| 房地产经营 | -0.8 | 4708 | 4747 |
| 销售 | -0.3 | 4376 | 4388 |

续表

| 高职职业类名称 | 增长率 | 2020 届 | 2018 届 |
|---|---|---|---|
| 经营管理 | 0.2 | 5136 | 5126 |
| 计算机与数据处理 | 0.5 | 4873 | 4851 |
| 餐饮 / 娱乐 | 0.5 | 4043 | 4022 |
| 美术 / 设计 / 创意 | 0.6 | 3993 | 3968 |
| 职业 / 教育培训 | 0.7 | 4284 | 4256 |
| 互联网开发及应用 | 1.5 | 4894 | 4821 |
| 全国高职 | 3.4 | 4253 | 4112 |

注：毕业生规模过小的职业类不包括在此排序中。
数据来源：麦可思－中国 2018 届、2020 届大学毕业生培养质量跟踪评价。

从 2017 届毕业生三年后从事的主要职业类月收入来看，排在前三位的分别是互联网开发及应用、经营管理、计算机与数据处理，三年后月收入均在 8000 元以上。从薪资涨幅来看，美术 / 设计 / 创意类职业毕业三年后薪资涨幅（92%）最高，互联网开发及应用类职业不仅薪资水平高，其三年后涨幅（91%）也较高（见表 4-17）。

表 4-17　2017 届高职毕业生三年后从事的主要职业类的月收入与涨幅

单位：元，%

| 高职职业类名称 | 毕业三年后的平均月收入 | 毕业半年后的平均月收入 | 月收入涨幅 |
|---|---|---|---|
| 互联网开发及应用 | 8614 | 4501 | 91 |
| 经营管理 | 8378 | 4818 | 74 |
| 计算机与数据处理 | 8184 | 4541 | 80 |
| 房地产经营 | 7955 | 4665 | 71 |
| 销售 | 7641 | 4121 | 85 |
| 金融（银行 / 基金 / 证券 / 期货 / 理财） | 7299 | 4514 | 62 |
| 美术 / 设计 / 创意 | 7205 | 3743 | 92 |
| 交通运输 / 邮电 | 6865 | 4330 | 59 |
| 建筑工程 | 6814 | 3698 | 84 |
| 表演艺术 / 影视 | 6813 | 4332 | 57 |

续表

| 高职职业类名称 | 毕业三年后的平均月收入 | 毕业半年后的平均月收入 | 月收入涨幅 |
|---|---|---|---|
| 电气 / 电子（不包括计算机） | 6717 | 4172 | 61 |
| 生产 / 运营 | 6666 | 4187 | 59 |
| 媒体 / 出版 | 6635 | 3932 | 69 |
| 餐饮 / 娱乐 | 6573 | 3769 | 74 |
| 电力 / 能源 | 6572 | 3940 | 67 |
| 测绘 | 6530 | 3734 | 75 |
| 机动车机械 / 电子 | 6415 | 3562 | 80 |
| 机械 / 仪器仪表 | 6383 | 4004 | 59 |
| 工业安全与质量 | 6283 | 3894 | 61 |
| 生物 / 化工 | 6242 | 3864 | 62 |
| 保险 | 6232 | 3995 | 56 |
| 农 / 林 / 牧 / 渔类 | 6232 | 3644 | 71 |
| 职业 / 教育培训 | 6106 | 3876 | 58 |
| 物流 / 采购 | 6076 | 3836 | 58 |
| 环境保护 | 5960 | 3566 | 67 |
| 酒店 / 旅游 / 会展 | 5942 | 3620 | 64 |
| 人力资源 | 5919 | 3719 | 59 |
| 医疗保健 / 紧急救助 | 5769 | 3278 | 76 |
| 公安 / 检察 / 法院 / 经济执法 | 5649 | 3407 | 66 |
| 财务 / 审计 / 税务 / 统计 | 5521 | 3388 | 63 |
| 中小学教育 | 5064 | 3177 | 59 |
| 行政 / 后勤 | 4867 | 3404 | 43 |
| 幼儿与学前教育 | 4815 | 2930 | 64 |
| 社区工作者 | 4732 | 3445 | 37 |
| 全国高职 | 6680 | 3860 | 73 |

注：个别职业类因为样本较少，没有包括在内。

数据来源：麦可思－中国 2017 届大学毕业生三年后职业发展跟踪评价，2017 届大学毕业生培养质量跟踪评价。

信息技术相关职业在月收入前五的职业中占了三席，包括互联网开发人员、计算机程序员、计算机系统软件工程技术人员，月收入分别为 5961 元、5667 元、5499 元（见表 4-18）。

表 4-18　2020 届高职毕业生半年后月收入最高的前 50 位职业

单位：元

| 高职职业名称 | 毕业半年后的平均月收入 |
| --- | --- |
| 互联网开发人员 | 5961 |
| 计算机程序员 | 5667 |
| 运营经理 | 5517 |
| 计算机系统软件工程技术人员 | 5499 |
| 市场经理 | 5406 |
| 列车司机 | 5359 |
| 健身教练和健身操指导员 | 5338 |
| 销售经理 | 5308 |
| 计算机软件应用工程技术人员 | 5295 |
| 铁路闸、铁路信号和转辙器操作人员 | 5238 |
| 铁轨铺设及维护设备操作人员 | 5224 |
| 软件质量保证和测试工程技术人员 | 5074 |
| 工业机器人系统操作人员 | 5031 |
| 工业工程技术人员 | 4983 |
| 贷款顾问 | 4966 |
| 化工厂系统操作人员 | 4940 |
| 个人理财顾问 | 4901 |
| 电子工程技术人员 | 4880 |
| 计算机技术支持人员 | 4861 |
| 仓储主管 | 4853 |
| 机械装配技术人员 | 4840 |
| 网络设计人员 | 4835 |
| 网上商家 | 4828 |
| 机电工程技术人员 | 4814 |

| 高职职业名称 | 毕业半年后的平均月收入 |
| --- | --- |
| 电气和电子运输设备安装者和修理技术人员 | 4813 |
| 房地产经纪人 | 4807 |
| 交通技术人员 | 4779 |
| 证券、商品和金融服务销售代理 | 4762 |
| 销售代表（医疗用品） | 4760 |
| 机械维护技术人员 | 4757 |
| 体育教练 | 4751 |
| 电子商务专员 | 4741 |
| 网络管理人员 | 4730 |
| 半导体加工人员 | 4729 |
| 电气工程技术人员 | 4692 |
| 一线销售经理（零售） | 4688 |
| 在线教育讲师 | 4671 |
| 计算机网络管理人员 | 4645 |
| 安全和火警系统安装人员 | 4645 |
| 机械工程技术人员 | 4638 |
| 发电站、变电站和中继站的电子和电气修理技术人员 | 4635 |
| 工业机械技术人员 | 4631 |
| 销售代表（批发和制造业，不包括科技类产品） | 4623 |
| 计算机硬件工程技术人员 | 4609 |
| 摄影师 | 4609 |
| 安全工程技术人员 | 4601 |
| 活动执行 | 4594 |
| 生产计划管理员 | 4569 |
| 物业经理 | 4568 |
| 市场专员 | 4564 |
| 全国高职 | 4253 |

注：毕业生规模过小的职业不包括在此排序中。

数据来源：麦可思－中国 2020 届大学毕业生培养质量跟踪评价。

# 五　用人单位收入分析

国有企业初始薪资水平最高；毕业三年后，民营企业／个体薪资涨幅最大。具体来看，国有企业初始薪资持续领先于其他类型企业，2020届月收入达到4763元（见图4-8）。

毕业三年后，中外合资／外资／独资月收入（6949元）最高；民营企业／个体薪资涨幅（80%）最大，工作三年月收入（6853元）反超国有企业（6738元）（见图4-9）。民营企业／个体作为吸纳毕业生就业的主体，其月收入高增长的特点体现了发展潜力与活力。

规模越大的企业初始薪资水平越高；毕业三年后，小微企业薪资涨幅最大。具体来看，毕业半年后在3000人以上规模用人单位的薪资水平最高，2020届达到5120元；50人及以下规模用人单位的薪资水平最低，为3868元

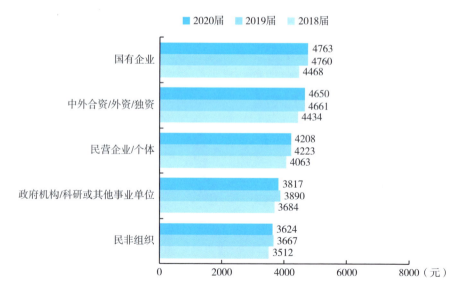

图4-8　2018~2020届高职毕业生半年后在各类型用人单位的月收入

数据来源：麦可思－中国2018~2020届大学毕业生培养质量跟踪评价。

图 4-9　2017届高职毕业生三年后在各类型用人单位的月收入

注：民非组织因为样本较少，没有包括在内。

数据来源：麦可思－中国 2017 届大学毕业生三年后职业发展跟踪评价，2017 届大学毕业生培养质量跟踪评价。

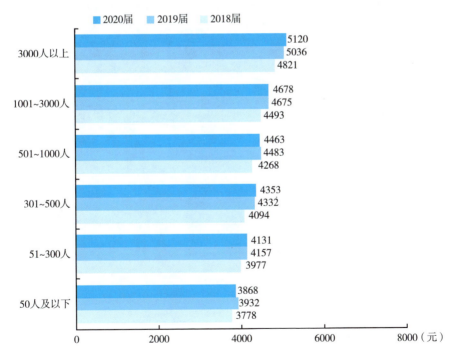

图 4-10　2018~2020届高职毕业生半年后在各规模用人单位的月收入

数据来源：麦可思－中国 2018~2020 届大学毕业生培养质量跟踪评价。

（见图4-10）。而毕业三年后，50人及以下规模小微企业的薪资涨幅（78%）最大，小微企业在工作三年后发展潜力有所体现（见图4-11）。

图 4-11　2017届高职毕业生三年后在各规模用人单位的月收入

数据来源：麦可思－中国2017届大学毕业生三年后职业发展跟踪评价，2017届大学毕业生培养质量跟踪评价。

# 高职毕业生就业满意度分析

摘　要：就业满意度是毕业生基于工作内容、工作环境、薪资收入、晋升空间等相关因素的主观认识和情感体验，是衡量就业质量的重要指标。疫情下高质量的就业服务工作促进了应届高职毕业生就业满意度的提升，随着工作时间延长，毕业生就业满意度也会进一步提升。其中，毕业初期农林牧渔大类就业满意度稳居第一，毕业三年后教育与体育大类排名升至首位。从不同就业领域来看，毕业初期运输业就业满意度最高，毕业三年后教育、政府及公共管理领域就业满意度最高；制造、采矿业的就业满意度相对较低；另外，住宿和餐饮业受疫情影响较大，相关岗位毕业生就业满意度相比往年下滑。

关键词：高职生　就业质量　就业满意度

## 一　总体就业满意度

　　2020届高职毕业生的就业满意度[①]上升明显。从近五年的数据来看，高职毕业生的就业满意度呈上升趋势，在2020届达到69%（见图5-1）。2020年疫情下国家发布多项政策扩大就业岗位供给，同时各高校大力优化就业帮

---

　　① 就业满意度：由就业的毕业生对自己目前的就业现状进行主观判断，选项有"很满意"、"满意"、"不满意"、"很不满意"、"无法评估"五项。其中，选择"满意"或"很满意"的人属于对就业现状满意，选择"不满意"或"很不满意"的人属于对就业现状不满意。

扶工作（毕业生对母校就业指导服务的满意度由 2016 届的 79% 持续上升至 2020 届的 89%，五年内上升了 10 个百分点）（见图 10-13），帮助毕业生顺利就业。高质量的就业服务也促进了毕业生就业满意度的提升。

从不同院校类型来看，"双高"院校、其他高职院校毕业生的就业满意度在 2020 届均上升 3 个百分点，分别达到 71%、69%（见图 5-2）。

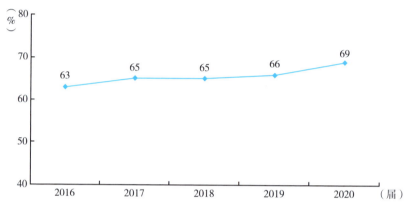

图 5-1　2016~2020 届高职毕业生半年后的就业满意度变化趋势

数据来源：麦可思 – 中国 2016~2020 届大学毕业生培养质量跟踪评价。

图 5-2　2016~2020 届各类高职院校毕业生半年后的就业满意度变化趋势

数据来源：麦可思 – 中国 2016~2020 届大学毕业生培养质量跟踪评价。

毕业生就业满意度随着工作时间延长而进一步提升。具体来看，2017届高职毕业生在毕业半年后的满意度为65%，毕业三年后上升了3个百分点，达到68%。从不同院校类型来看，"双高"院校毕业三年后的就业满意度（71%）相对较高，比半年后（67%）高了4个百分点；其他高职院校毕业三年后的就业满意度为67%，比半年后（64%）高了3个百分点（见图5-3）。

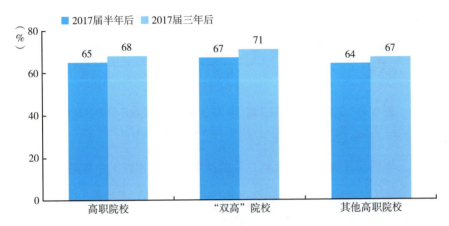

图 5-3　2017 届高职毕业生三年后的就业满意度（与 2017 届半年后对比）

数据来源：麦可思－中国 2017 届大学毕业生三年后职业发展跟踪评价，2017 届大学毕业生培养质量跟踪评价。

毕业生因收入低而对就业现状不满意的比例明显上升。从高职毕业生对就业现状不满意的原因来看，2020届有74%的毕业生因收入低对就业表示不满意，较2019届（68%）有所上升；49%的毕业生因发展空间不够对就业表示不满意，较2019届（52%）有所下降（见图5-4）。

## 二　各专业就业满意度

2020届各专业大类的就业满意度普遍有所提升，其中农林牧渔大类就业满意度稳居第一；毕业三年后，教育与体育大类就业满意度跃居首位。具体来看，农林牧渔大类就业满意度连续三年保持在第一位，2020届达到73%；交通运输大类、生物与化工大类就业满意度并列第二，均为71%（见表5-1）。

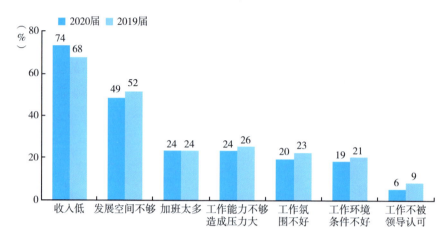

图 5-4　2019 届、2020 届高职毕业生对就业现状不满意的原因

数据来源：麦可思－中国 2019 届、2020 届大学毕业生培养质量跟踪评价。

到毕业三年后，教育与体育大类专业的就业满意度相较于半年后（68%）上升了 6 个百分点，达到 74%，在各专业大类中位列第一（见表 5-2）。

| 表 5-1　2018~2020 届高职各专业大类毕业生半年后的就业满意度 | | |
|---|---|---|
| | | 单位：% |
| 高职专业大类名称 | 2020 届 | 2019 届 | 2018 届 |
| 农林牧渔大类 | 73 | 70 | 68 |
| 交通运输大类 | 71 | 70 | 68 |
| 生物与化工大类 | 71 | 68 | 66 |
| 食品药品与粮食大类 | 70 | 68 | 68 |
| 能源动力与材料大类 | 70 | 66 | 64 |
| 新闻传播大类 | 70 | 69 | 68 |
| 教育与体育大类 | 70 | 68 | 67 |
| 文化艺术大类 | 69 | 67 | 67 |
| 旅游大类 | 69 | 67 | 66 |
| 财经商贸大类 | 69 | 66 | 65 |
| 土木建筑大类 | 69 | 66 | 65 |
| 装备制造大类 | 69 | 65 | 64 |

续表

| 高职专业大类名称 | 2020届 | 2019届 | 2018届 |
|---|---|---|---|
| 资源环境与安全大类 | 67 | 65 | 63 |
| 电子信息大类 | 67 | 65 | 65 |
| 公共管理与服务大类 | 67 | 64 | 63 |
| 水利大类 | 67 | 65 | 64 |
| 医药卫生大类 | 67 | 66 | 65 |
| 全国高职 | 69 | 66 | 65 |

注：个别专业大类因为样本较少，没有包括在内。

数据来源：麦可思－中国2018~2020届大学毕业生培养质量跟踪评价。

表5-2　2017届高职各专业大类毕业生三年后的就业满意度

单位：%

| 高职专业大类名称 | 2017届三年后 | 2017届半年后 |
|---|---|---|
| 教育与体育大类 | 74 | 68 |
| 旅游大类 | 72 | 66 |
| 食品药品与粮食大类 | 71 | 66 |
| 农林牧渔大类 | 70 | 67 |
| 财经商贸大类 | 70 | 66 |
| 文化艺术大类 | 69 | 67 |
| 生物与化工大类 | 68 | 65 |
| 医药卫生大类 | 67 | 65 |
| 电子信息大类 | 67 | 65 |
| 装备制造大类 | 66 | 64 |
| 交通运输大类 | 66 | 67 |
| 土木建筑大类 | 66 | 64 |
| 能源动力与材料大类 | 65 | 64 |
| 资源环境与安全大类 | 62 | 61 |
| 全国高职 | 68 | 65 |

注：个别专业大类因为样本较少，没有包括在内。

数据来源：麦可思－中国2017届大学毕业生三年后职业发展跟踪评价，2017届大学毕业生培养质量跟踪评价。

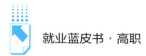

铁道、电力类专业就业满意度排名靠前。具体来看，铁道供电技术的就业满意度（80%）最高，铁道机车（79%）位列第二，电力系统继电保护与自动化技术（78%）排第三。整体来看，毕业半年后就业满意度排名靠前的专业多为交通运输大类、教育与体育大类、能源动力与材料大类、财经商贸大类以及农林牧渔大类等专业（见表5-3）。此外，结合毕业三年后的数据来看，教育类、市场营销类、医学技术类专业就业满意度排名靠前，分别为76%、74%、74%（见表5-4）。

表5-3　2020届高职毕业生半年后就业满意度排前30位的主要专业

单位：%

| 高职专业名称 | 就业满意度 |
| --- | --- |
| 铁道供电技术 | 80 |
| 铁道机车 | 79 |
| 电力系统继电保护与自动化技术 | 78 |
| 电力系统自动化技术 | 77 |
| 畜牧兽医 | 75 |
| 动物医学 | 75 |
| 社会体育 | 75 |
| 供用电技术 | 75 |
| 医学美容技术 | 74 |
| 铁道工程技术 | 74 |
| 空中乘务 | 74 |
| 铁道交通运营管理 | 74 |
| 视觉传播设计与制作 | 73 |
| 信息安全与管理 | 73 |
| 物业管理 | 73 |
| 园艺技术 | 72 |
| 药学 | 72 |
| 旅游管理 | 72 |
| 食品营养与检测 | 72 |
| 音乐表演 | 72 |

续表

| 高职专业名称 | 就业满意度 |
| --- | --- |
| 学前教育 | 72 |
| 音乐教育 | 72 |
| 美术教育 | 72 |
| 园林工程技术 | 71 |
| 发电厂及电力系统 | 71 |
| 城市轨道交通机电技术 | 71 |
| 国际贸易实务 | 71 |
| 市场营销 | 71 |
| 电子商务 | 71 |
| 机电一体化技术 | 71 |
| 全国高职 | 69 |

注：毕业生规模过小的专业不包括在此排序中。

数据来源：麦可思－中国 2020 届大学毕业生培养质量跟踪评价。

表 5-4　2017 届高职主要专业类毕业生三年后的就业满意度

单位：%

| 高职专业类名称 | 就业满意度 |
| --- | --- |
| 教育类 | 76 |
| 市场营销类 | 74 |
| 医学技术类 | 74 |
| 旅游类 | 73 |
| 语言类 | 73 |
| 畜牧业类 | 72 |
| 经济贸易类 | 72 |
| 护理类 | 72 |
| 药品制造类 | 71 |
| 艺术设计类 | 70 |
| 计算机类 | 70 |
| 电子商务类 | 70 |
| 财务会计类 | 70 |
| 食品工业类 | 70 |

续表

| 高职专业类名称 | 就业满意度 |
| --- | --- |
| 铁道运输类 | 69 |
| 通信类 | 69 |
| 物流类 | 69 |
| 农业类 | 68 |
| 土建施工类 | 68 |
| 城市轨道交通类 | 67 |
| 金融类 | 67 |
| 自动化类 | 66 |
| 药学类 | 66 |
| 建设工程管理类 | 66 |
| 道路运输类 | 66 |
| 工商管理类 | 66 |
| 机械设计制造类 | 66 |
| 汽车制造类 | 66 |
| 电子信息类 | 64 |
| 化工技术类 | 64 |
| 电力技术类 | 64 |
| 临床医学类 | 63 |
| 建筑设备类 | 62 |
| 建筑设计类 | 61 |
| 测绘地理信息类 | 60 |
| 机电设备类 | 59 |
| 全国高职 | 68 |

注：个别专业类因为样本较少，没有包括在内。

数据来源：麦可思－中国 2017 届大学毕业生三年后职业发展跟踪评价。

## 三 地区就业满意度

渤海湾地区就业满意度持续位居榜首，长三角地区紧随其后。从不同地区的就业满意度来看，2020 届毕业生在渤海湾的就业满意度为 71%，其次是长三角地区（70%）。从近三年的变化趋势来看，2020届毕业生在各地区的就业满意度较往届均有不同程度的提升（见表5-5）。

就业满意度由毕业生对自己当前就业现状进行的主观判断，可能会受到地区经济发展水平、行业发展前景、工作环境及压力等多方面因素影响。

表5-5　2018~2020届高职毕业生半年后在各经济区域就业的就业满意度变化趋势

单位：%

| 经济区域 | 2020届 | 2019届 | 2018届 |
|---|---|---|---|
| 泛渤海湾区域经济体 | 71 | 68 | 67 |
| 泛长江三角洲区域经济体 | 70 | 68 | 67 |
| 东北区域经济体 | 69 | 67 | 67 |
| 泛珠江三角洲区域经济体 | 69 | 66 | 66 |
| 中原区域经济体 | 68 | 65 | 65 |
| 西部生态经济区 | 67 | 64 | 63 |
| 陕甘宁青区域经济体 | 64 | 61 | 60 |
| 西南区域经济体 | 63 | 61 | 61 |
| 全国高职 | 69 | 66 | 65 |

数据来源：麦可思－中国2018~2020届大学毕业生培养质量跟踪评价。

近年来，应届毕业生前往新一线城市的就业意愿不断增强（高职毕业生选择在新一线城市就业的比例从2016届的20%上升到2020届的23%）。相较于一线城市，本届毕业生在新一线城市的就业满意度上升幅度更大。具体来看，2020届毕业生在一线城市的就业满意度为70%，较2019届（67%）上升了3个百分点；在新一线城市的就业满意度为69%，较2019届（65%）上升了4个百分点（见图5-5）。新一线城市不断发展，就业环境持续完善，毕业生从业幸福感也相应增强。

## 四　行业、职业就业满意度

毕业初期运输业就业满意度最高，毕业三年后教育、政府及公共管理领

图 5-5　2016~2020 届高职毕业生半年后在一线、新一线城市的就业满意度变化趋势

数据来源：麦可思 - 中国 2016~2020 届大学毕业生培养质量跟踪评价。

域就业满意度最高；制造及采矿业的就业满意度相对较低。从毕业生半年后就业满意度来看，运输业就业满意度（78%）最高；毕业三年后，教育业、政府及公共管理（均为 72%）并列第一。制造及采矿业就业满意度在毕业半年后和三年后均相对偏低，这与其工作环境有一定的关系。

此外，住宿和餐饮业受疫情影响较大，在该行业就业毕业生的满意度相比往年下滑，毕业半年后的就业满意度排在倒数第二（见图 5-6、图 5-7、图 5-8、图 5-9）。

毕业初期交通运输 / 邮电类职业就业满意度最高，经营管理类职业在毕业初期和三年后就业满意度均较高，另外毕业三年后教育相关职业就业满意度普遍进入前五。具体来看，交通运输 / 邮电毕业半年后就业满意度达到 79%，排在各职业类首位；农 / 林 / 牧 / 渔类、经营管理就业满意度并列第二，均为 74%。毕业三年后，经营管理就业满意度（79%）位列榜首，中小学教育、幼儿与学前教育、职业 / 教育培训就业满意度均进入前五。矿山 / 石油类职业就业满意度相对较低，在毕业半年后和三年后排名均靠后。

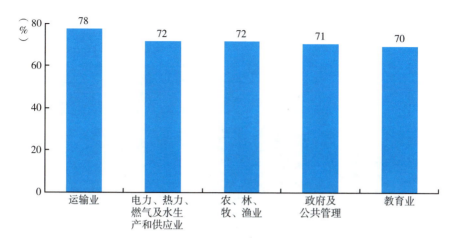

**图5-6 2020届高职毕业生半年后就业满意度最高的前五位行业类**

注：毕业生规模过小的行业类不包括在此排序中。

数据来源：麦可思－中国2020届大学毕业生培养质量跟踪评价。

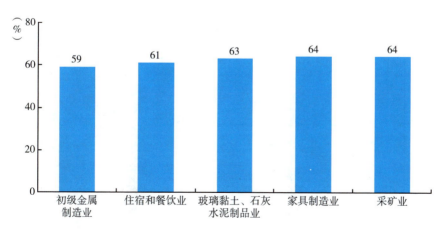

**图5-7 2020届高职毕业生半年后就业满意度最低的前五位行业类**

注：毕业生规模过小的行业类不包括在此排序中。

数据来源：麦可思－中国2020届大学毕业生培养质量跟踪评价。

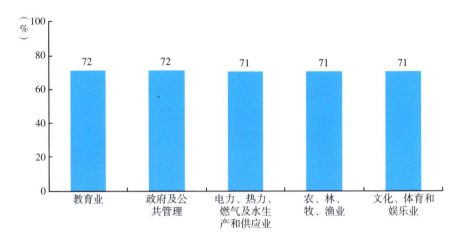

**图 5-8　2017 届高职毕业生三年后就业满意度最高的前五位行业类**

注：毕业生规模过小的行业类不包括在此排序中。

数据来源：麦可思－中国 2017 届大学毕业生三年后职业发展跟踪评价。

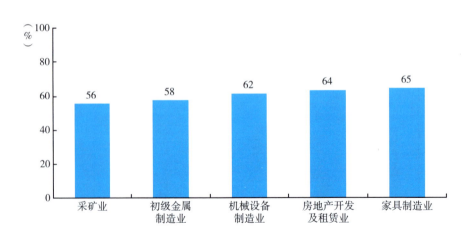

**图 5-9　2017 届高职毕业生三年后就业满意度最低的前五位行业类**

注：毕业生规模过小的行业类不包括在此排序中。

数据来源：麦可思－中国 2017 届大学毕业生三年后职业发展跟踪评价。

另外，餐饮／娱乐、酒店／旅游／会展相关岗位受疫情影响较大，毕业生的就业满意度相对较低（见图5-10、图5-11、图5-12、图5-13）。

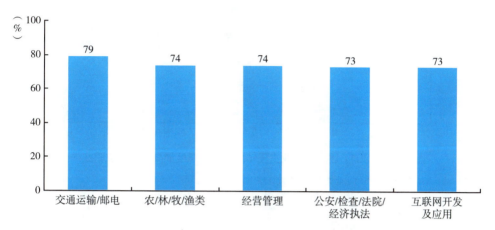

图 5-10　2020届高职毕业生半年后就业满意度最高的前五位职业类

注：毕业生规模过小的职业类不包括在此排序中。

数据来源：麦可思－中国2020届大学毕业生培养质量跟踪评价。

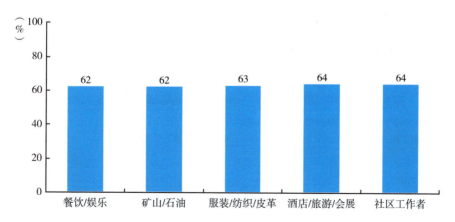

图 5-11　2020届高职毕业生半年后就业满意度最低的前五位职业类

注：毕业生规模过小的职业类不包括在此排序中。

数据来源：麦可思－中国2020届大学毕业生培养质量跟踪评价。

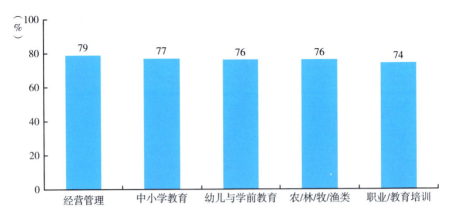

图 5-12　2017 届高职毕业生三年后就业满意度最高的前五位职业类

注：毕业生规模过小的职业类不包括在此排序中。

数据来源：麦可思－中国 2017 届大学毕业生三年后职业发展跟踪评价。

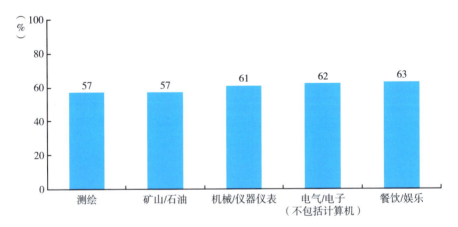

图 5-13　2017 届高职毕业生三年后就业满意度最低的前五位职业类

注：毕业生规模过小的职业类不包括在此排序中。

数据来源：麦可思－中国 2017 届大学毕业生三年后职业发展跟踪评价。

## 五　在各类单位的就业满意度

政府机构 / 科研或其他事业单位的就业满意度最高，民营企业 / 个体就业满意度相对较低。从毕业生就业的不同用人单位类型来看，高职毕业生毕业半年后、三年后在政府机构/科研或其他事业单位的就业满意度（分别为75%、73%）均最高，在民营企业/个体的就业满意度（分别为67%、66%）均相对较低（见图5-14、图5-15）。

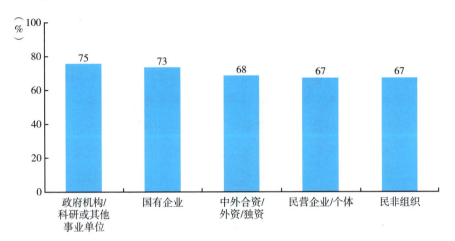

**图5-14　2020届高职毕业生半年后在各类型用人单位的就业满意度**

数据来源：麦可思－中国2020届大学毕业生培养质量跟踪评价。

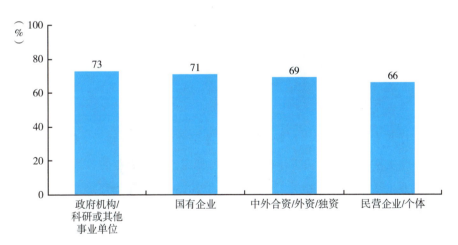

**图5-15　2017届高职毕业生三年后在各类型用人单位的就业满意度**

注：民非组织用人单位因为样本较少，没有包括在内。

数据来源：麦可思－中国2017届大学毕业生三年后职业发展跟踪评价。

# B.6
# 高职毕业生职业发展分析

摘　要：随着工作时间延长和经验积累，大学生跨过职场初期开始在工作
　　　　中独当一面，职位晋升或跳槽转行都关系着未来职业发展。通过
　　　　对就业初期及工作三年后毕业生职业发展情况的分析发现，应届
　　　　高职毕业生从事专业相关工作的比例保持稳定；随着职位层级的
　　　　提升以及个人职业发展规划的调整，毕业生三年后工作更加多元
　　　　化。不同岗位的晋升速度也与单位的性质、规模等有关，其中旅
　　　　游大类毕业生的职位晋升更快。另外，毕业生职场忠诚度有所提
　　　　升，离职率呈下降趋势。

关键词：就业稳定性　职场忠诚度　职位晋升

## 一　从事本专业相关工作分析

### （一）总体工作与专业相关度

工作与专业相关度[①]反映了专业人才培养与产业发展需求的匹配程度，高职毕业生从事专业相关工作的比例保持稳定。从近五年的数据来看，全国高职毕业生从事本专业相关工作的比例在 2016~2018 届均稳定在 62%，2019届上升 1 个百分点达到 63%，2020 届保持平稳（见图 6-1）。

---

[①]　工作与专业相关度＝受雇全职工作并且与专业相关的毕业生人数 / 受雇全职工作的毕业生人数。

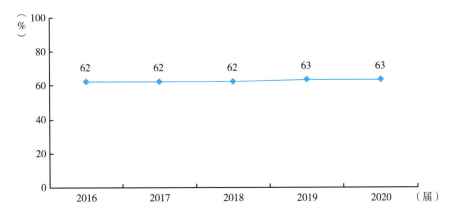

图6-1　2016~2020届高职毕业生的工作与专业相关度变化趋势

数据来源：麦可思－中国2016~2020届大学毕业生培养质量跟踪评价。

随着毕业时间的增长，毕业生职位层级提升，对自身职业发展更清晰，同时不同专业中期对应的工作岗位准入门槛也存在差异，像医药卫生大类工作与专业相关度始终保持在较高水平，而其他多数专业大类中期工作选择面会更宽。具体来看，2017届毕业三年后工作与专业相关度为56%，比半年后（62%）低6个百分点（见图6-2）。

图6-2　2017届高职毕业生毕业三年后的工作与专业相关度（与2017届半年后对比）

数据来源：麦可思－中国2017届大学毕业生三年后职业发展跟踪评价，2017届大学毕业生培养质量跟踪评价。

2020 年高校毕业生规模达到 874 万人，增量、增幅均为近年之最。另外疫情使得部分领域招聘岗位减少，毕业生人岗匹配难度有所增加，2020 届选择先就业再择业的比例有所上升。从 2020 届毕业生选择与专业无关工作的原因来看，迫于现实先就业再择业的比例（30%）较 2019 届（27%）上升 3 个百分点；因专业工作不符合自己的职业期待而选择无关工作的比例（27%）较 2019 届（30%）下降 3 个百分点（见图 6-3）。

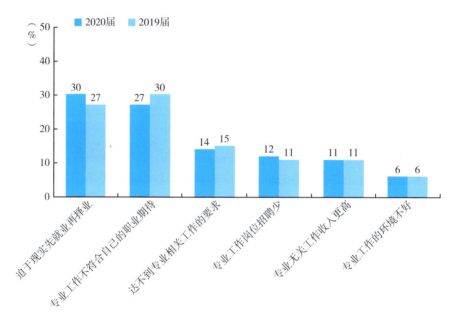

图 6-3 2019 届、2020 届高职毕业生选择与专业无关工作的主要原因

数据来源：麦可思 - 中国 2019 届、2020 届大学毕业生培养质量跟踪评价。

## （二）主要专业的工作与专业相关度

医药卫生大类工作与专业相关度保持第一；其次是土木建筑大类，其工作与专业相关度稳步提升；另外旅游大类受疫情冲击工作与专业相关度明显下降。从各专业大类毕业生的工作与专业相关度来看，医药卫生大类工作与专业相关度在毕业半年后和毕业三年后均最高，2020 年受疫情影响，毕业生实习、参加资格考试等环节延迟，求职进程受阻，工作与专业相关度相比往年有所下降。

土木建筑大类、能源动力与材料大类、生物与化工大类、水利大类、资源环境与安全大类、食品药品与粮食大类、农林牧渔大类近三届工作与专业相关度稳步提升，上述专业主要服务面向的领域受疫情影响相对较小，同时随着现代能源体系和现代化综合交通运输体系的构建、产业转型升级的深入、乡村振兴战略的推进，相关专业毕业生将进一步受益。

另外，2020 年疫情对旅游相关领域造成了较大冲击，这也影响了旅游大类毕业生在相关领域的求职。从数据来看，2020 届旅游大类毕业生半年后工作与专业相关度（47%）较 2019 届（52%）下降 5 个百分点，毕业生三年后工作与专业相关度也明显低于其他专业大类（见表 6-1、表 6-2）。

| 表 6-1 2018~2020 届高职各专业大类毕业生的工作与专业相关度 | | |
|---|---|---|
| | | 单位：% |
| 高职专业大类名称 | 2020 届 | 2019 届 | 2018 届 |
| 医药卫生大类 | 85 | 89 | 90 |
| 土木建筑大类 | 75 | 73 | 71 |
| 能源动力与材料大类 | 71 | 70 | 68 |
| 教育与体育大类 | 71 | 73 | 70 |
| 生物与化工大类 | 69 | 67 | 65 |
| 水利大类 | 68 | 66 | 64 |
| 资源环境与安全大类 | 64 | 62 | 58 |
| 食品药品与粮食大类 | 64 | 63 | 62 |
| 交通运输大类 | 62 | 64 | 64 |
| 农林牧渔大类 | 61 | 59 | 56 |
| 文化艺术大类 | 61 | 64 | 65 |
| 新闻传播大类 | 61 | 62 | 61 |
| 公共管理与服务大类 | 57 | 54 | 53 |
| 财经商贸大类 | 54 | 53 | 54 |
| 装备制造大类 | 54 | 52 | 53 |
| 电子信息大类 | 49 | 51 | 52 |

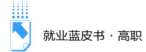

续表

| 高职专业大类名称 | 2020 届 | 2019 届 | 2018 届 |
| --- | --- | --- | --- |
| 旅游大类 | 47 | 52 | 51 |
| 全国高职 | 63 | 63 | 62 |

注: 个别专业大类因为样本较少, 没有包括在内。

数据来源: 麦可思－中国 2018~2020 届大学毕业生培养质量跟踪评价。

表 6-2　2017 届高职各专业大类毕业生三年内的工作与专业相关度变化（与 2016 届三年后对比）

单位: %

| 高职专业大类名称 | 2017 届毕业三年后 | 2016 届毕业三年后 |
| --- | --- | --- |
| 医药卫生大类 | 86 | 87 |
| 能源动力与材料大类 | 66 | 65 |
| 土木建筑大类 | 66 | 63 |
| 教育与体育大类 | 63 | 61 |
| 交通运输大类 | 61 | 59 |
| 生物与化工大类 | 55 | 57 |
| 资源环境与安全大类 | 55 | 56 |
| 文化艺术大类 | 54 | 55 |
| 食品药品与粮食大类 | 50 | 50 |
| 农林牧渔大类 | 50 | 49 |
| 电子信息大类 | 48 | 49 |
| 财经商贸大类 | 48 | 49 |
| 装备制造大类 | 44 | 44 |
| 旅游大类 | 34 | 35 |
| 全国高职 | 56 | 55 |

注: 个别专业大类因为样本较少, 没有包括在内。

数据来源: 麦可思－中国 2016 届、2017 届大学毕业生三年后职业发展跟踪评价。

　　具体到专业层面, 工作与专业相关度排名前 10 的专业多属医药卫生大类。具体来看, 口腔医学（97%）、临床医学（94%）、针灸推拿（91%）位列前三, 工作与专业相关度均在 90% 以上（见表 6-3）。

表 6-3 2020 届高职毕业生工作与专业相关度排前 30 位的主要专业

单位：%

| 高职专业名称 | 工作与专业相关度 |
|---|---|
| 口腔医学 | 97 |
| 临床医学 | 94 |
| 针灸推拿 | 91 |
| 助产 | 89 |
| 铁道机车 | 88 |
| 学前教育 | 88 |
| 护理 | 88 |
| 康复治疗技术 | 87 |
| 小学教育 | 85 |
| 医学检验技术 | 85 |
| 英语教育 | 84 |
| 电力系统继电保护与自动化技术 | 84 |
| 铁道工程技术 | 83 |
| 医学美容技术 | 83 |
| 医学影像技术 | 83 |
| 药学 | 83 |
| 道路桥梁工程技术 | 82 |
| 语文教育 | 82 |
| 中药学 | 82 |
| 数学教育 | 81 |
| 建筑设计 | 81 |
| 建筑工程技术 | 81 |
| 市政工程技术 | 80 |
| 铁道供电技术 | 79 |
| 建设工程监理 | 79 |
| 工程造价 | 79 |
| 电力系统自动化技术 | 78 |
| 发电厂及电力系统 | 78 |
| 口腔医学技术 | 77 |
| 铁道交通运营管理 | 77 |
| 全国高职 | 63 |

注：毕业生规模过小的专业不包括在此排序中。

数据来源：麦可思－中国 2020 届大学毕业生培养质量跟踪评价。

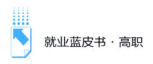

### （三）主要职业的工作与专业相关度

医疗相关职业的从业门槛较高，行政后勤、销售相关职业从业要求较低。在 2020 届高职毕业生工作与专业相关度要求最高的前 20 位职业中，前八位均来自医学相关职业，例如医疗救护人员（98%）、放射技术人员（98%）、护士（97%）、兽医（97%）、医学和临床实验室技术人员（96%）、医生助理（96%）等，这些职业均对专业能力要求高，对应专业特点明显（见表6-4）。另外，在工作与专业相关度要求最低的前 20 位职业中，相对集中的是行政后勤、销售相关的职业，例如贷款顾问（24%）、人力资源经理（25%）、保险推销人员（25%）、行政服务经理（25%）、文员（26%）等（见表 6-5）。

表 6-4　2020 届高职毕业生工作与专业相关度要求最高的前 20 位职业

单位：%

| 职业名称 | 工作与专业相关度 |
| --- | --- |
| 医疗救护人员 | 98 |
| 放射技术人员 | 98 |
| 护士 | 97 |
| 兽医 | 97 |
| 医学和临床实验室技术人员 | 96 |
| 医生助理 | 96 |
| 理疗员 | 94 |
| 兽医助手和实验室动物管理员 | 94 |
| 铁轨铺设及维护设备操作人员 | 93 |
| 工程造价人员 | 91 |
| 铁路闸、铁路信号和转辙器操作人员 | 91 |
| 园林建筑技术人员 | 90 |
| 航空乘务员 | 90 |
| 预算员 | 90 |
| 汽车机械技术人员 | 89 |
| 计算机程序员 | 89 |

续表

| 职业名称 | 工作与专业相关度 |
|---|---|
| 幼儿教师 | 89 |
| 会计 | 89 |
| 土木建筑工程技术人员 | 89 |
| 建筑技术人员 | 87 |
| 全国高职 | 63 |

注：毕业生规模过小的职业不包括在此排序中。

数据来源：麦可思－中国2020届大学毕业生培养质量跟踪评价。

| 表6-5　2020届高职毕业生工作与专业相关度要求最低的前20位职业 单位：% | |
|---|---|
| 职业名称 | 工作与专业相关度 |
| 社会及社区服务经理 | 22 |
| 贷款顾问 | 24 |
| 人力资源经理 | 25 |
| 保险推销人员 | 25 |
| 手工包装人员 | 25 |
| 行政服务经理 | 25 |
| 文员 | 26 |
| 公关专员 | 27 |
| 银行信贷员 | 27 |
| 酬劳、福利和工作分析专职人员 | 28 |
| 行政秘书和行政助理 | 28 |
| 招聘专职人员 | 29 |
| 数据录入员 | 29 |
| 房地产经纪人 | 30 |
| 人力资源服务人员 | 31 |
| 证券、商品和金融服务销售代理 | 31 |
| 餐饮服务生 | 31 |
| 人力资源助理 | 32 |
| 健身教练和健身操指导员 | 32 |
| 广告业务员 | 33 |
| 全国高职 | 63 |

注：毕业生规模过小的职业不包括在此排序中。

数据来源：麦可思－中国2020届大学毕业生培养质量跟踪评价。

## 二 职位晋升情况

### （一）总体职位晋升

职位晋升① 比例略有下降，"双高"院校晋升略呈优势。具体来看，2017届高职生毕业三年内有过晋升比例（59%）略低于 2016 届（61%）；"双高"院校获得职位晋升的比例（61%）比其他高职院校（59%）高 2 个百分点（见图 6-4）。

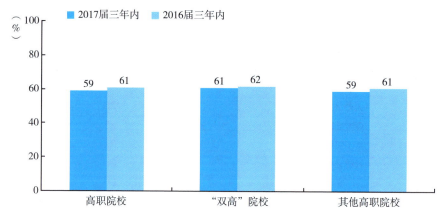

图6-4　2017届高职毕业生毕业三年内平均获得职位晋升的比例（与2016届三年内对比）

数据来源：麦可思－中国 2016 届、2017 届大学毕业生三年后职业发展跟踪评价。

2017 届毕业三年内高职毕业生晋升次数均为 1 次，与往届同期持平。从晋升频度来看，2017 届毕业三年内有 33% 的毕业生获得过 1 次晋升，比 2016届（31%）高 2 个百分点；17% 的毕业生获得过 2 次晋升，比 2016 届（19%）低 2 个百分点（见图 6-5、图 6-6）。

---

①　职位晋升：由已经工作的毕业生回答是否获得职位晋升以及获得晋升的次数。职位晋升是指享有比前一个职位更多的职权并承担更多的责任，由毕业生主观判断。这既包括不换雇主的内部提升，也包括通过更换雇主实现的晋升。
　　职位晋升次数：由毕业生回答获得职位晋升的次数，计算公式的分子是三年内毕业生获得的职位晋升总次数，没有获得职位晋升的人记为 0 次，分母是三年内就业和就业过的毕业生数。

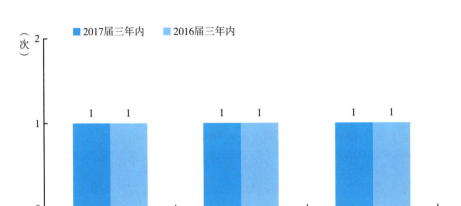

图 6-5　2017 届高职毕业生毕业三年内平均获得职位晋升的次数
（与 2016 届三年内对比）

数据来源：麦可思－中国 2016 届、2017 届大学毕业生三年后职业发展跟踪评价。

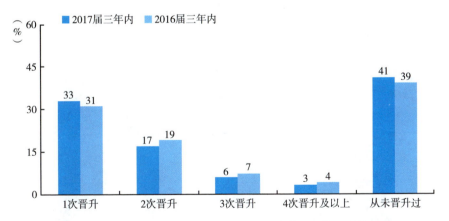

图 6-6　2017 届高职毕业生毕业三年内平均获得职位晋升的频度
（与 2016 届三年内对比）

数据来源：麦可思－中国 2016 届、2017 届大学毕业生三年后职业发展跟踪评价。

### （二）各专业大类的职位晋升

综合职位晋升比例和次数可以看出，旅游大类晋升情况始终排名第一，医药卫生大类晋升比例较低且出现下降现象。从各专业大类中期获得晋升的比例来看，旅游大类毕业三年内获得职位晋升的比例及晋升次数均稳居第一；医药卫生大类职位晋升的比例和次数在毕业三年内相对较低，且晋升比例出现下降现象。医药卫生大类毕业生主要就业于医疗卫生单位，其晋升与医护人员职称体系有关，受疫情影响职称考试时间出现延迟，这在一定程度上影响了相关专业从业人员的晋升（见表6-6、表6-7）。

表6-6　2017届高职各专业大类毕业生三年内平均获得职位晋升的比例（与2016届三年内对比）

单位：%

| 高职专业大类名称 | 2017届三年内 | 2016届三年内 |
| --- | --- | --- |
| 旅游大类 | 70 | 69 |
| 食品药品与粮食大类 | 64 | 64 |
| 土木建筑大类 | 64 | 63 |
| 文化艺术大类 | 63 | 65 |
| 农林牧渔大类 | 62 | 63 |
| 装备制造大类 | 61 | 62 |
| 财经商贸大类 | 61 | 63 |
| 能源动力与材料大类 | 60 | 61 |
| 电子信息大类 | 60 | 60 |
| 生物与化工大类 | 57 | 59 |
| 教育与体育大类 | 57 | 59 |
| 资源环境与安全大类 | 56 | 58 |
| 交通运输大类 | 55 | 57 |
| 医药卫生大类 | 36 | 39 |
| 全国高职 | 59 | 61 |

注：个别专业大类因为样本较少，没有包括在内。

数据来源：麦可思-中国2016届、2017届大学毕业生三年后职业发展跟踪评价。

表 6-7　2017 届高职各专业大类毕业生三年内平均获得职位晋升的次数（与 2016 届三年内对比）

单位：次

| 高职专业大类名称 | 2017 届三年内 | 2016 届三年内 |
| --- | --- | --- |
| 旅游大类 | 1.2 | 1.2 |
| 农林牧渔大类 | 1.1 | 1.1 |
| 土木建筑大类 | 1.1 | 1.1 |
| 文化艺术大类 | 1.0 | 1.1 |
| 生物与化工大类 | 1.0 | 1.1 |
| 电子信息大类 | 1.0 | 1.0 |
| 装备制造大类 | 1.0 | 1.0 |
| 食品药品与粮食大类 | 1.0 | 1.0 |
| 财经商贸大类 | 1.0 | 1.0 |
| 资源环境与安全大类 | 0.9 | 0.9 |
| 能源动力与材料大类 | 0.9 | 0.9 |
| 教育与体育大类 | 0.9 | 0.9 |
| 交通运输大类 | 0.8 | 0.9 |
| 医药卫生大类 | 0.6 | 0.6 |
| 全国高职 | 1.0 | 1.0 |

注：个别专业大类因为样本较少，没有包括在内。

数据来源：麦可思－中国 2016 届、2017 届大学毕业生三年后职业发展跟踪评价。

## （三）主要行业、职业的职位晋升

住宿和餐饮业职位晋升最快且保持稳定。具体来看，住宿和餐饮业从业人员在毕业三年内职位晋升比例（76%）排第一位，并且优势明显；同时该行业毕业三年内的职位晋升次数也排名首位，达到 1.5 次（见表 6-8、表 6-9）。

表 6-8　2017 届高职主要行业类毕业生三年内平均获得职位晋升的比例
（与 2016 届三年内对比）

单位：%

| 高职行业类名称 | 2017 届三年内 | 2016 届三年内 |
|---|---|---|
| 住宿和餐饮业 | 76 | 77 |
| 零售业 | 68 | 70 |
| 文化、体育和娱乐业 | 67 | 68 |
| 邮递、物流及仓储业 | 67 | 66 |
| 各类专业设计与咨询服务业 | 65 | 65 |
| 信息传输、软件和信息技术服务业 | 65 | 65 |
| 食品、烟草、加工业 | 65 | 65 |
| 金融业 | 64 | 67 |
| 房地产开发及租赁业 | 63 | 63 |
| 农、林、牧、渔业 | 62 | 63 |
| 家具制造业 | 62 | 61 |
| 电子电气设备制造业（含计算机、通信、家电等） | 62 | 63 |
| 医药及设备制造业 | 62 | 64 |
| 居民服务、修理和其他服务业 | 62 | 65 |
| 建筑业 | 61 | 64 |
| 批发业 | 61 | 64 |
| 教育业 | 61 | 63 |
| 纺织、服装、皮革制造业 | 60 | 61 |
| 电力、热力、燃气及水生产和供应业 | 60 | 60 |
| 化学品、化工、塑胶制造业 | 60 | 60 |
| 机械设备制造业 | 57 | 58 |
| 行政、商业和环境保护辅助业 | 56 | 58 |
| 交通运输设备制造业 | 56 | 57 |
| 初级金属制造业 | 55 | 55 |
| 运输业 | 52 | 52 |
| 采矿业 | 41 | 42 |
| 政府及公共管理 | 38 | 40 |
| 医疗和社会护理服务业 | 38 | 40 |
| 全国高职 | 59 | 61 |

注：个别行业类因为样本较少，没有包括在内。

数据来源：麦可思－中国 2016 届、2017 届大学毕业生三年后职业发展跟踪评价。

表 6-9　2017 届高职主要行业类毕业生三年内平均获得职位晋升的次数
（与 2016 届三年内对比）

单位：次

| 高职行业类名称 | 2017 届三年内 | 2016 届三年内 |
|---|---|---|
| 住宿和餐饮业 | 1.5 | 1.5 |
| 文化、体育和娱乐业 | 1.2 | 1.3 |
| 房地产开发及租赁业 | 1.2 | 1.3 |
| 农、林、牧、渔业 | 1.2 | 1.2 |
| 批发业 | 1.2 | 1.3 |
| 零售业 | 1.1 | 1.2 |
| 各类专业设计与咨询服务业 | 1.1 | 1.1 |
| 邮递、物流及仓储业 | 1.1 | 1.0 |
| 信息传输、软件和信息技术服务业 | 1.1 | 1.1 |
| 家具制造业 | 1.0 | 1.0 |
| 食品、烟草、加工业 | 1.0 | 1.0 |
| 电子电气设备制造业（含计算机、通信、家电等） | 1.0 | 1.1 |
| 医药及设备制造业 | 1.0 | 1.1 |
| 纺织、服装、皮革制造业 | 1.0 | 1.0 |
| 电力、热力、燃气及水生产和供应业 | 1.0 | 0.9 |
| 建筑业 | 1.0 | 1.1 |
| 教育业 | 1.0 | 1.1 |
| 金融业 | 1.0 | 1.1 |
| 居民服务、修理和其他服务业 | 1.0 | 1.1 |
| 化学品、化工、塑胶制造业 | 1.0 | 1.0 |
| 行政、商业和环境保护辅助业 | 0.9 | 0.9 |
| 机械设备制造业 | 0.8 | 0.9 |
| 交通运输设备制造业 | 0.7 | 0.8 |
| 运输业 | 0.7 | 0.8 |
| 初级金属制造业 | 0.7 | 0.8 |
| 采矿业 | 0.6 | 0.6 |
| 政府及公共管理 | 0.5 | 0.6 |
| 医疗和社会护理服务业 | 0.5 | 0.5 |
| 全国高职 | 1.0 | 1.0 |

注：个别行业类因为样本较少，没有包括在内。

数据来源：麦可思－中国 2016 届、2017 届大学毕业生三年后职业发展跟踪评价。

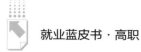

经营管理类职业晋升优势明显且保持稳定。具体来看，经营管理类职业在毕业三年内职位晋升比例近9成，晋升次数达到2次。晋升速度快体现了其职业的特点，该职业本身就要求达到一定的层次才能够胜任。另外，受职业特点影响，医疗保健/紧急救助、公安/检察/法院/经济执法从业人员的晋升相对缓慢（见表6-10、表6-11）。

表6-10　2017届高职主要职业类毕业生三年内平均获得职位晋升的比例
（与2016届三年内对比）

单位：%

| 高职职业类名称 | 2017届三年内 | 2016届三年内 |
| --- | --- | --- |
| 经营管理 | 86 | 86 |
| 人力资源 | 73 | 73 |
| 酒店/旅游/会展 | 71 | 71 |
| 餐饮/娱乐 | 71 | 70 |
| 房地产经营 | 70 | 72 |
| 表演艺术/影视 | 70 | 69 |
| 互联网开发及应用 | 68 | 67 |
| 保险 | 67 | 69 |
| 幼儿与学前教育 | 67 | 69 |
| 销售 | 66 | 69 |
| 职业/教育培训 | 66 | 68 |
| 美术/设计/创意 | 66 | 66 |
| 生产/运营 | 64 | 64 |
| 农/林/牧/渔类 | 64 | 63 |
| 建筑工程 | 64 | 64 |
| 环境保护 | 63 | 63 |
| 物流/采购 | 62 | 61 |
| 媒体/出版 | 62 | 61 |
| 电气/电子（不包括计算机） | 62 | 63 |
| 工业安全与质量 | 61 | 60 |
| 电力/能源 | 61 | 60 |
| 测绘 | 59 | 61 |

| | | 续表 |
|---|---|---|
| 高职职业类名称 | 2017 届三年内 | 2016 届三年内 |
| 机动车机械 / 电子 | 59 | 61 |
| 金融（银行 / 基金 / 证券 / 期货 / 理财） | 59 | 62 |
| 财务 / 审计 / 税务 / 统计 | 58 | 58 |
| 生物 / 化工 | 57 | 58 |
| 计算机与数据处理 | 56 | 57 |
| 机械 / 仪器仪表 | 55 | 55 |
| 社区工作者 | 52 | 51 |
| 交通运输 / 邮电 | 52 | 52 |
| 中小学教育 | 51 | 51 |
| 行政 / 后勤 | 49 | 50 |
| 公安 / 检察 / 法院 / 经济执法 | 37 | 39 |
| 医疗保健 / 紧急救助 | 36 | 37 |
| 全国高职 | 59 | 61 |

注：个别职业类因为样本较少，没有包括在内。

数据来源：麦可思－中国 2016 届、2017 届大学毕业生三年后职业发展跟踪评价。

表 6-11　2017 届高职主要职业类毕业生三年内平均获得职位晋升的次数（与 2016 届三年内对比）

单位：次

| 高职职业类名称 | 2017 届三年内 | 2016 届三年内 |
|---|---|---|
| 经营管理 | 2.0 | 2.0 |
| 餐饮 / 娱乐 | 1.5 | 1.4 |
| 酒店 / 旅游 / 会展 | 1.4 | 1.4 |
| 房地产经营 | 1.3 | 1.4 |
| 职业 / 教育培训 | 1.3 | 1.4 |
| 表演艺术 / 影视 | 1.3 | 1.2 |
| 农 / 林 / 牧 / 渔类 | 1.3 | 1.2 |
| 美术 / 设计 / 创意 | 1.2 | 1.1 |
| 互联网开发及应用 | 1.2 | 1.2 |
| 销售 | 1.1 | 1.2 |
| 保险 | 1.1 | 1.2 |

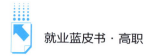

| 高职职业类名称 | 2017 届三年内 | 2016 届三年内 |
|---|---|---|
| 人力资源 | 1.1 | 1.2 |
| 幼儿与学前教育 | 1.1 | 1.2 |
| 媒体 / 出版 | 1.0 | 1.0 |
| 建筑工程 | 1.0 | 1.1 |
| 电气 / 电子（不包括计算机） | 1.0 | 1.1 |
| 生物 / 化工 | 1.0 | 1.0 |
| 电力 / 能源 | 1.0 | 0.9 |
| 测绘 | 1.0 | 1.0 |
| 物流 / 采购 | 1.0 | 0.9 |
| 生产 / 运营 | 1.0 | 1.1 |
| 工业安全与质量 | 0.9 | 0.9 |
| 环境保护 | 0.9 | 1.0 |
| 金融（银行 / 基金 / 证券 / 期货 / 理财） | 0.9 | 1.0 |
| 机动车机械 / 电子 | 0.9 | 1.0 |
| 计算机与数据处理 | 0.9 | 0.9 |
| 机械 / 仪器仪表 | 0.9 | 1.0 |
| 社区工作者 | 0.8 | 0.8 |
| 医疗保健 / 紧急救助 | 0.8 | 0.8 |
| 财务 / 审计 / 税务 / 统计 | 0.8 | 0.9 |
| 中小学教育 | 0.8 | 0.9 |
| 交通运输 / 邮电 | 0.7 | 0.6 |
| 行政 / 后勤 | 0.6 | 0.7 |
| 公安 / 检察 / 法院 / 经济执法 | 0.5 | 0.6 |
| 全国高职 | 1.0 | 1.0 |

右上角：续表

注：个别职业类因为样本较少，没有包括在内。

数据来源：麦可思－中国 2016 届、2017 届大学毕业生三年后职业发展跟踪评价。

## （四）对职位晋升有帮助的活动与因素

在校期间的各项活动经历都能在一定程度上助力毕业生的职业发展，其中实习经历对其职位晋升帮助最大。具体来看，2017 届高职毕业生毕业三年后认为对职位晋升帮助最大的活动为假期实习 / 课外兼职（34%），其后是课上所学的知识和技能（33%）、扩大社会人脉联系（32%）等（见图6-7）。

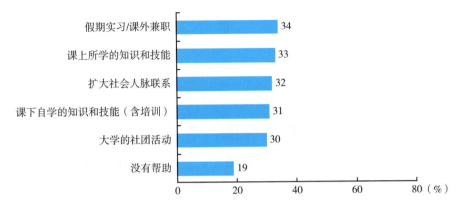

图6-7　2017届高职毕业生毕业三年后认为对职位晋升有帮助的大学活动

数据来源：麦可思－中国2017届大学毕业生三年后职业发展跟踪评价。

## 三　职场忠诚度分析

### （一）离职率与雇主数

应届高职毕业生的工作稳定性有所增强。从近五年的离职率[①]来看，全国高职毕业生离职率从2016届的43%降至2020届的41%（见图6-8）。从毕业三年内的雇主数[②]来看，全国高职毕业生三年内的雇主数为2.4个，"双高"院校、其他高职院校无差异（见图6-9）。

医药卫生大类、能源动力与材料大类毕业生职场忠诚度保持在较高水平。具体来看，医药卫生大类、能源动力与材料大类毕业半年内的离职率连续三届均低于三成，同时毕业三年内雇主数（均为2.0个）低于其他专业大

---

① **离职率**：有过工作经历的毕业生（从毕业到2020年12月31日）有多大比例发生过离职。离职率＝曾经发生离职行为的毕业生人数／现在工作或曾经工作的毕业生人数。

② **雇主数**：指毕业生从第一份工作到毕业三年后的跟踪评价时点，一共为多少个雇主工作过。雇主数越多，则工作转换得越频繁；雇主数可以代表毕业生工作稳定的程度。

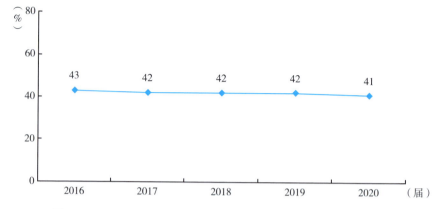

图6-8　2016~2020届高职毕业生毕业半年内的离职率变化趋势

数据来源：麦可思－中国2016~2020届大学毕业生培养质量跟踪评价。

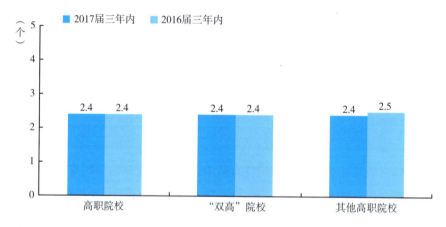

图6-9　2017届高职毕业生毕业三年内的平均雇主数（与2016届三年内对比）

数据来源：麦可思－中国2016届、2017届大学毕业生三年后职业发展跟踪评价。

类。医药卫生大类主要服务于医疗机构，能源动力与材料大类主要就业于国企，其就业稳定性均较强。另外，文化艺术大类毕业生职场流动性较强，毕业半年内的离职率（51%）和三年内的雇主数（2.7个）均较高。就业稳定性与专业特点、就业所在用人单位类型等均有一定的关系（见表6-12、表6-13）。

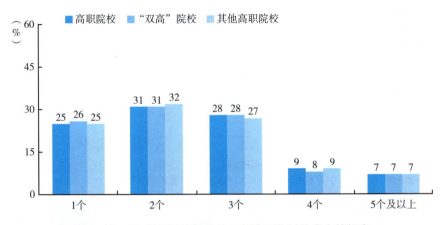

图 6-10　2017 届高职毕业生三年内工作过的雇主数频度

数据来源：麦可思－中国 2017 届大学毕业生三年后职业发展跟踪评价。

| 表 6-12　2018~2020 届高职各专业大类毕业半年内的离职率 | | | |
| --- | --- | --- | --- |
| | | | 单位：% |
| 高职专业大类名称 | 2020 届 | 2019 届 | 2018 届 |
| 医药卫生大类 | 24 | 21 | 21 |
| 能源动力与材料大类 | 28 | 29 | 29 |
| 交通运输大类 | 32 | 32 | 32 |
| 水利大类 | 35 | 38 | 39 |
| 教育与体育大类 | 36 | 36 | 37 |
| 生物与化工大类 | 37 | 39 | 40 |
| 资源环境与安全大类 | 38 | 40 | 41 |
| 土木建筑大类 | 40 | 42 | 43 |
| 食品药品与粮食大类 | 43 | 43 | 43 |
| 农林牧渔大类 | 44 | 45 | 44 |
| 装备制造大类 | 44 | 45 | 46 |
| 旅游大类 | 45 | 46 | 46 |
| 公共管理与服务大类 | 46 | 47 | 46 |
| 电子信息大类 | 49 | 51 | 50 |

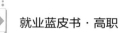

|  |  |  | 续表 |
|---|---|---|---|
| 高职专业大类名称 | 2020 届 | 2019 届 | 2018 届 |
| 财经商贸大类 | 51 | 51 | 50 |
| 文化艺术大类 | 51 | 53 | 54 |
| 新闻传播大类 | 55 | 54 | 53 |
| 全国高职 | 41 | 42 | 42 |

注：个别专业大类因为样本较少，没有包括在内。

数据来源：麦可思－中国 2018~2020 届大学毕业生培养质量跟踪评价。

| 表 6-13　2017 届高职各专业大类毕业三年内的平均雇主数 | |
|---|---|
| | 单位：个 |
| 高职专业大类名称 | 毕业三年内平均雇主数 |
| 能源动力与材料大类 | 2.0 |
| 医药卫生大类 | 2.0 |
| 交通运输大类 | 2.1 |
| 农林牧渔大类 | 2.3 |
| 生物与化工大类 | 2.3 |
| 食品药品与粮食大类 | 2.3 |
| 装备制造大类 | 2.3 |
| 教育与体育大类 | 2.3 |
| 资源环境与安全大类 | 2.4 |
| 电子信息大类 | 2.5 |
| 财经商贸大类 | 2.5 |
| 土木建筑大类 | 2.5 |
| 旅游大类 | 2.5 |
| 文化艺术大类 | 2.7 |
| 全国高职 | 2.4 |

注：个别专业大类因为样本较少，没有包括在内。

数据来源：麦可思－中国 2017 届大学毕业生三年后职业发展跟踪评价。

## （二）离职原因

追求薪资福利以及发展空间依然是毕业生选择离职的主要因素，但受疫情影响，毕业生在选择离职时更为谨慎。具体来看，2020届因薪资福利偏低而离职的比例（43%）较2019届（50%）下降7个百分点，因个人发展空间不够而离职的比例（35%）较2019届（45%）下降10个百分点（见图6-11）。

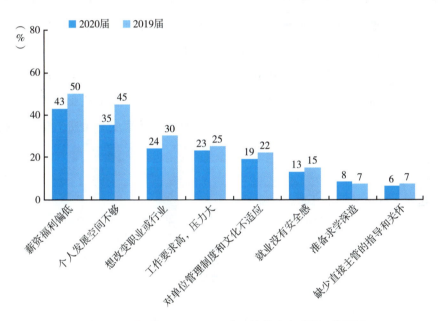

图 6-11　2019 届、2020 届高职毕业生主动离职的原因

数据来源：麦可思－中国 2019 届、2020 届大学毕业生培养质量跟踪评价。

# B.7
## 高职毕业生专升本分析

摘　要：疫情下专升本扩招进一步增加了应届高职毕业生提升学历的机会，2020届毕业生专升本比例相比往年大幅上升。追求更好的大学和就业前景是高职毕业生选择专升本的主要原因，除了一毕业就升学外，有三成毕业生在工作一段时间后选择继续求学，毕业三年后高职毕业生学历提升明显。学历提升对毕业生从业幸福感的提升具有积极影响，学历提升人群的就业满意度明显高于学历未提升人群。

关键词：高职生　专升本　职业发展

### 一　读本科的比例

2020年国家出台专升本扩招政策，预计扩招32.2万。在这一背景下，2020届高职毕业生专升本[①]比例（15.3%）出现大幅上升，相比2019届（7.6%）翻番，是2016届（4.9%）的3倍以上。从不同类型院校近五年的数据来看，"双高"院校整体上升幅度更大，2020届专升本比例（17.2%）高于其他高职院校（15.0%）；与2016届相比，"双高"院校专升本比例上升了12.0个百分点，其他高职院校上升了10.2个百分点。越来越多的高职毕业生

---

[①]　专升本：指高职毕业生毕业后继续就读本科。有专升本、专插本、专接本、专转本多种形式，本报告中统一称为"专升本"。

获得了进一步提升学历的机会（见图 7-1、图 7-2）。

2020 年专升本扩招主要向预防医学、应急管理、养老服务管理、电子商务等专业倾斜，这为相关专业毕业生提供了更多升学机会。从各专业大类毕业生读本科的比例来看，财经商贸大类、教育与体育大类、电子信息大类、医药卫生大类毕业生专升本比例均高于全国高职平均水平，且上升幅度也较大（见表 7-1）。

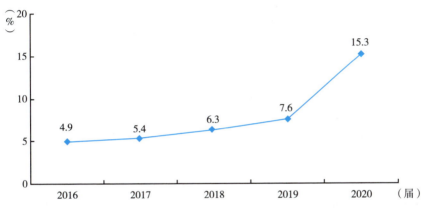

图 7-1　2016~2020 届高职毕业生读本科的比例变化趋势

数据来源：麦可思－中国 2016~2020 届大学毕业生培养质量跟踪评价。

图 7-2　2016~2020 届各类高职院校毕业生读本科的比例变化趋势

数据来源：麦可思－中国 2016~2020 届大学毕业生培养质量跟踪评价。

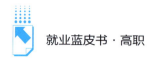

表 7-1  2018~2020 届高职各专业大类读本科的比例

单位：%

| 高职专业大类名称 | 2020 届 | 2019 届 | 2018 届 |
|---|---|---|---|
| 财经商贸大类 | 17.3 | 9.9 | 8.3 |
| 教育与体育大类 | 16.8 | 9.7 | 8.6 |
| 电子信息大类 | 15.8 | 7.8 | 6.2 |
| 医药卫生大类 | 15.8 | 8.7 | 7.5 |
| 生物与化工大类 | 14.8 | 7.4 | 6.5 |
| 土木建筑大类 | 14.8 | 6.0 | 4.9 |
| 水利大类 | 14.4 | 6.4 | 5.2 |
| 文化艺术大类 | 13.7 | 7.3 | 6.5 |
| 食品药品与粮食大类 | 13.6 | 5.8 | 5.7 |
| 资源环境与安全大类 | 13.5 | 5.5 | 4.3 |
| 新闻传播大类 | 13.2 | 6.8 | 5.6 |
| 公共管理与服务大类 | 13.0 | 6.4 | 4.9 |
| 装备制造大类 | 12.3 | 5.5 | 4.9 |
| 能源动力与材料大类 | 12.3 | 5.2 | 4.3 |
| 交通运输大类 | 12.1 | 5.3 | 4.8 |
| 农林牧渔大类 | 12.0 | 6.4 | 6.5 |
| 旅游大类 | 11.8 | 6.8 | 5.3 |
| 全国高职 | 15.3 | 7.6 | 6.3 |

注：个别专业大类因为样本较少，没有包括在内。

数据来源：麦可思－中国 2018~2020 届大学毕业生培养质量跟踪评价。

## 二  读本科的原因

想去更好的大学、就业前景好是毕业生选择专升本的主要原因。从 2020 届毕业生选择毕业后读本科的原因来看，因规避就业困难而选择专升本的人群占极少数，只有 6%，多数（33%）是为了进入更好的大学；此外近三成（29%）毕业生因就业前景好而选择读本科，较 2019 届（25%）提高 4 个百分点（见图 7-3）。

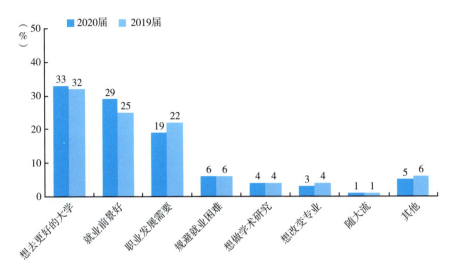

图 7-3　2019届、2020届高职毕业生读本科的原因

数据来源：麦可思－中国2019届、2020届大学毕业生培养质量跟踪评价。

## 三　职业发展

毕业三年后高职毕业生学历提升明显。具体来看，高职毕业生一毕业就读本科的比例（2017届）为5.4%，到毕业三年后学历提升的比例大幅上升到了35.4%。无论是"双高"院校还是其他高职院校都表现出相同特点，均有1/3多的毕业生在工作一段时间后选择进一步深造以实现学历提升（见图7-4）。

在"双高"院校中，学历提升给毕业生带来的经济回报已有所显现。通过对高职2017届毕业三年后学历提升人群和学历未提升人群的月收入对比发现，学历提升在"双高"院校中带来的影响更大，学历提升人群的月收入（6997元）比未提升人群（6876元）高121元（见图7-5）。

学历提升对毕业生从业幸福感的提升具有积极影响。通过对比高职毕业三年后学历提升人群和学历未提升人群的就业满意度发现，学历提升人群的就业满意度（71%）比学历未提升人群（66%）高5个百分点。其中，"双高"

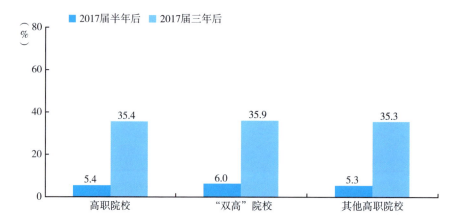

图7-4  2017届高职毕业生三年后学历提升人群的比例

数据来源：麦可思－中国2017届大学毕业生三年后职业发展跟踪评价。

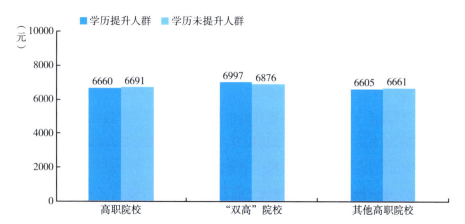

图7-5  2017届高职毕业生三年后学历提升人群和学历未提升人群的月收入对比

数据来源：麦可思－中国2017届大学毕业生三年后职业发展跟踪评价。

院校、其他高职院校学历提升人群三年后的就业满意度比学历未提升人群分别高出 4 个、5 个百分点（见图 7-6）。

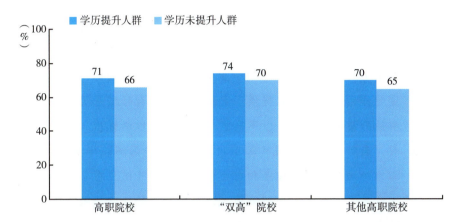

图 7-6　2017 届高职毕业生三年后学历提升人群和学历未提升人群的就业满意度

数据来源：麦可思 – 中国 2017 届大学毕业生三年后职业发展跟踪评价。

# B.8
# 高职毕业生灵活就业分析

摘　要：疫情下灵活就业对于拓宽毕业生分流渠道、全面强化稳就业具有
　　　　重要作用，为毕业生提供了更多选择。教育领域是灵活就业毕业
　　　　生最为集中的领域，以不同的从业形式（如教辅机构兼职、做家
　　　　教、自行创办教辅机构等）吸引了大量应届高职毕业生；另外，
　　　　零售领域更为自由职业和自主创业群体所青睐。在各类灵活就业
　　　　毕业生中，自主创业群体收入水平较高，从业幸福感较强，且更
　　　　倾向于将创业项目发展成可长期坚守的事业，毕业三年后创业比
　　　　例近乎翻番。当然自主创业群体的生存挑战仍在增加，创业存活
　　　　率进一步下降，除资金问题外，缺乏企业管理经验也是创业群体
　　　　面临的主要困难之一。

关键词：灵活就业　就业质量　创业存活率

## 一　灵活就业比例

2020届有8.4%的高职毕业生在毕业半年后选择灵活就业，其中包括2.0%选择受雇半职工作，3.6%选择自由职业，2.8%选择自主创业。从不同院校类型来看，其他高职院校毕业生选择灵活就业的比例（8.5%）相对更高（见图8-1）。

创业或个体经营、非全日制以及新就业形态等灵活多样的就业方式对于拓宽就业新渠道、培育发展新动能具有重要作用，是扩大毕业生去向分流渠

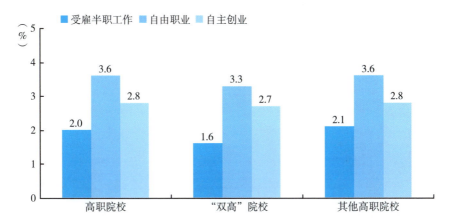

图 8-1　2020 届高职毕业生各类灵活就业的比例

数据来源：麦可思 – 中国 2020 届大学毕业生培养质量跟踪评价。

道、全面强化稳就业的重要途径之一，在疫情下为毕业生的就业与发展提供了更多选择。

教育领域是灵活就业毕业生最为集中的领域。2020 届选择受雇半职工作的高职毕业生中，近两成（19.5%）服务于教育领域（见图 8-2）；自由职业、自主创业的毕业生在教育领域的比例均在一成左右（分别为 10.1%、9.1%）（见

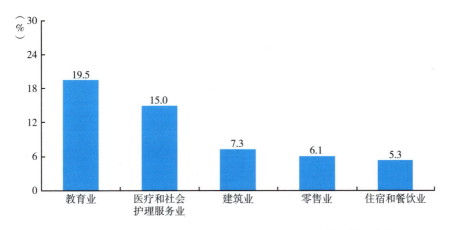

图 8-2　2020 届高职毕业生受雇半职工作最集中的前五位行业类

数据来源：麦可思 – 中国 2020 届大学毕业生培养质量跟踪评价。

图 8-3、图 8-4）。近年来社会对从教人员的需求整体呈上升趋势，教育辅导服务领域以不同的从业形式（如教辅机构兼职、做家教、自行创办教辅机构等）吸引了大量应届高职毕业生。

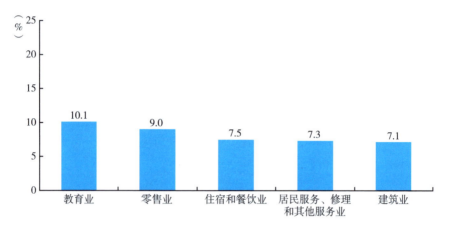

**图 8-3　2020 届高职毕业生自由职业最集中的前五位行业类**

数据来源：麦可思－中国 2020 届大学毕业生培养质量跟踪评价。

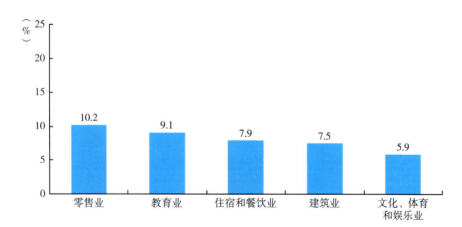

**图 8-4　2020 届高职毕业生自主创业最集中的前五位行业类**

数据来源：麦可思－中国 2020 届大学毕业生培养质量跟踪评价。

与此同时，受雇半职工作的高职毕业生在医疗和社会护理服务业的比例（15.0%）仅次于教育领域，排第二位。国家卫生计生委在《"十三五"全国卫生计生人才发展规划》中提出可通过兼职兼薪等措施提高医护人员待遇，缓解医护人员工作负荷。相关政策措施的完善使得医疗领域成为一部分高职毕业生受雇半职工作的选择。

另外，灵活就业群体对零售领域（特别是网上零售）也较为青睐，2020届选择自由职业、自主创业的高职毕业生在零售业的比例分别为9.0%、10.2%。

## 二　灵活就业质量

从灵活就业毕业生的就业质量来看，自主创业群体的月收入水平较高，且从业幸福感较强。2020届选择自主创业的高职毕业生平均月收入为5126元，就业满意度为79%，均明显高于高职毕业生平均水平（月收入4253元，就业满意度69%）。受雇半职工作、自由职业群体的月收入相对较低，从业幸福感相对较弱（见图8-5、图8-6）。随着国家对灵活就业保障支持机制的不断加强和完善，灵活就业毕业生的就业质量仍有进一步提升的空间。

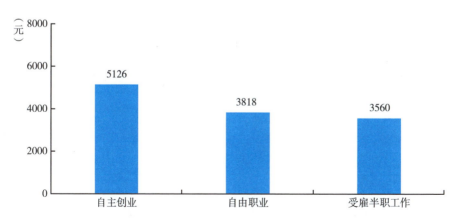

图8-5　2020届高职各类灵活就业毕业生的月收入

数据来源：麦可思-中国2020届大学毕业生培养质量跟踪评价。

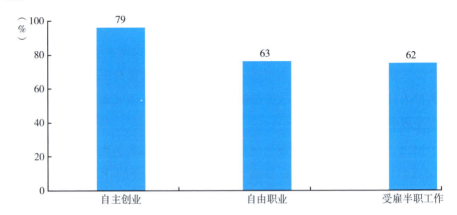

图 8-6　2020 届高职各类灵活就业毕业生的就业满意度

数据来源：麦可思 – 中国 2020 届大学毕业生培养质量跟踪评价。

# 三　自主创业人群职业发展

相比作为短期内稳就业、增加就业渠道手段之一的半职工作和自由职业，自主创业更有可能成为可长期坚守的事业。随着毕业时间的延长，毕业生自主创业比例进一步上升。2017 届高职毕业生在毕业半年时的自主创业比例为

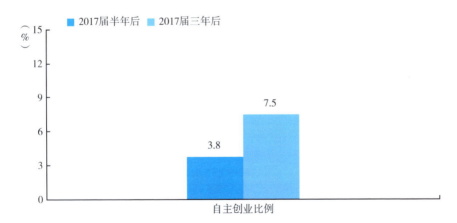

图 8-7　2017 届高职毕业生三年后自主创业的比例（与 2017 届半年后对比）

数据来源：麦可思 – 中国 2017 届大学毕业生三年后职业发展跟踪评价，2017 届大学毕业生培养质量跟踪评价。

3.8%，到毕业三年后近乎翻番，达到 7.5%（见图 8-7）。

当然值得注意的是，自主创业群体的生存挑战仍在增加。进一步跟踪 2017 届毕业半年内自主创业的毕业生发现，自主创业群体在毕业三年内有近六成退出创业，仍然坚持创业的比例（41.0%）相比 2016 届同期（43.6%）进一步下降（见图 8-8）。除了创业资金问题外，缺乏企业管理经验也是创业群体面临的主要困难之一，高校创新创业教育可有针对性地侧重。

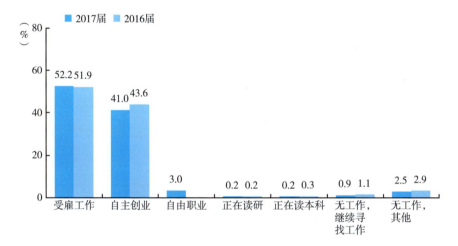

图 8-8　2017 届高职毕业半年内自主创业者三年后的去向分布（与 2016 届对比）

注：“自由职业”为 2017 届新增选项。

数据来源：麦可思 - 中国 2016 届、2017 届大学毕业生三年后职业发展跟踪评价，2016 届、2017 届大学毕业生培养质量跟踪评价。

# B.9
# 高职毕业生能力分析

摘　要：毕业生能力达成是实现高质量就业与发展的重要前提。高职毕业
　　　　生能力达成效果持续提升，其中在理解交流能力方面整体达成效
　　　　果较好，在应用分析能力、动手能力方面仍有提升空间。此外，
　　　　终身学习能力对毕业生职业发展的重要程度较高，而其掌握水平
　　　　仍需提升。素养提升方面，毕业生在校期间积极进取意识、乐观
　　　　态度均获得了较为明显的提升。

关键词：高职生　工作能力　专业素养

## 一　基本工作能力评价

### （一）背景介绍

　　**工作能力：**从事某项职业工作必须具备的能力，分为职业工作能力和基本工作能力。职业工作能力是从事某一职业特别需要的能力，基本工作能力是所有工作都必须具备的能力，麦可思参考美国SCANS标准，把基本工作能力分为35项。根据麦可思的工作能力分类，中国大学生可以从事的职业达600多个，对应的职业能力近万条。

　　**五大类基本工作能力：**麦可思参考美国SCANS标准，将35项基本工作能力可划归为五大类型，分别是理解与交流能力、科学思维能力、管理能力、应用分析能力和动手能力（见图9-1、表9-1）。

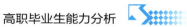

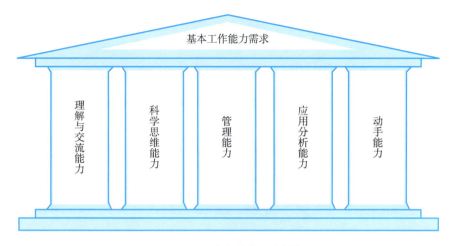

图 9-1 五大类基本工作能力

| 序号 | 五大类能力 | 名称 | 描述 |
|---|---|---|---|
| | **表 9-1 基本工作能力定义及序号** | | |
| 1 | 理解与交流能力 | 理解性阅读 | 理解工作文件的句子和段落 |
| 2 | 理解与交流能力 | 积极聆听 | 理解对方讲话的要点，适当地提出问题 |
| 3 | 理解与交流能力 | 有效的口头沟通 | 交谈中有效地传递信息 |
| 4 | 理解与交流能力 | 积极学习 | 理解信息中的启示，用于解决问题，帮助作出决定 |
| 5 | 理解与交流能力 | 学习方法 | 在训练和指导工作时选择方法与程序 |
| 6 | 理解与交流能力 | 理解他人 | 关注并理解他人的反应 |
| 7 | 理解与交流能力 | 服务他人 | 积极地寻找方法来帮助他人 |
| 8 | 科学思维能力 | 针对性写作 | 根据读者需求有效地传递信息 |
| 9 | 科学思维能力 | 数学解法 | 用数学方法来解决问题 |
| 10 | 科学思维能力 | 科学分析 | 用科学的原理和方法来解决问题 |
| 11 | 科学思维能力 | 逻辑思维 | 运用逻辑推理来判定解决问题的建议、结论和方法的优缺点 |
| 12 | 管理能力 | 绩效监督 | 监督和评估自己、他人或组织的绩效以采取改进行动 |
| 13 | 管理能力 | 协调安排 | 根据他人的需要调整工作安排 |
| 14 | 管理能力 | 说服他人 | 说服他人改变想法或者行为 |
| 15 | 管理能力 | 谈判技能 | 与他人沟通并且达成一致 |
| 16 | 管理能力 | 指导他人 | 指导他人怎样去做一件事 |

125

续表

| 序号 | 五大类能力 | 名称 | 描述 |
|---|---|---|---|
| 17 | 管理能力 | 解决复杂的问题 | 识别复杂问题并查阅信息以发现和评估解决方案 |
| 18 | 管理能力 | 判断和决策 | 考虑各方案的成本和收益，决定最合适的方案 |
| 19 | 管理能力 | 时间管理 | 管理自己和他人的时间 |
| 20 | 管理能力 | 财务管理 | 决定怎样花钱以完成工作，并为这些开支记账核算 |
| 21 | 管理能力 | 物资管理 | 如何按照工作的特定需要获得设备、厂房和材料，以及监督其合理使用 |
| 22 | 管理能力 | 人力资源管理 | 在工作中激发、指导人们的工作，寻找适合各项工作的人 |
| 23 | 应用分析能力 | 设计思维 | 分析需求和生产的可能性以开发出新产品 |
| 24 | 应用分析能力 | 技术设计 | 按要求设计和修改设备与技术 |
| 25 | 应用分析能力 | 设备选择 | 决定使用哪一种工具和设备来做一项工作 |
| 26 | 应用分析能力 | 质量控制分析 | 对产品、服务或工作程序进行测试和检查以评价其质量和绩效 |
| 27 | 应用分析能力 | 操作监控 | 监视仪表、控制器和其他指示器以保证机器正常运行 |
| 28 | 应用分析能力 | 操作和控制 | 控制设备和系统的运行 |
| 29 | 应用分析能力 | 设备维护 | 对设备进行日常维护并决定什么时候进行何种维护 |
| 30 | 应用分析能力 | 疑难排解 | 判断出操作错误的产生原因并决定纠错对策 |
| 31 | 应用分析能力 | 系统分析 | 判定变化对一个系统运行结果的影响 |
| 32 | 应用分析能力 | 系统评估 | 识别系统绩效的评估方法或指标，根据系统目标制订行动计划来改进系统表现 |
| 33 | 动手能力 | 安装能力 | 按照特定要求来安装设备、机器、管线或程序 |
| 34 | 动手能力 | 电脑编程 | 为各种目的编写电脑程序 |
| 35 | 动手能力 | 维修机器和系统 | 使用必要的工具来修理机器和系统 |

　　基本工作能力的重要度：用于定义正在工作的大学毕业生所理解的 35 项基本工作能力在其岗位工作中的重要程度，分为"无法评估"、"不重要"、"有些重要"、"重要"、"非常重要"和"极其重要"六个层次，数据处理时把重要性处理为百分比，0 代表"不重要"，25% 代表"有些重要"，50% 代表"重要"，75% 代表"非常重要"，100% 代表"极其重要"。

**工作岗位要求的工作能力水平**：用于定义正在工作的大学毕业生所理解的工作对 35 项基本工作能力的要求级别，从低到高分为一级到七级。一级代表该能力的最低水平，取值 1/7；七级代表该能力的最高水平，取值 1。为了帮助答题人自评级别，问卷在一级到七级中分别举了三个例子，以帮助答题人理解能力差别。

**毕业时掌握的基本工作能力水平**：用于定义正在工作的大学毕业生所理解的在刚毕业时对 35 项基本工作能力的实际掌握级别，从低到高分为一级到七级。一级代表该能力的最低水平，取值 1/7；七级代表该能力的最高水平，取值 1。为了帮助答题人自评级别，问卷在一级到七级中分别举了三个例子，以帮助答题人理解能力差别。

**基本工作能力的满足度**：毕业时掌握的基本工作能力水平满足社会初始岗位的工作要求水平的百分比，100% 为完全满足。满足度计算公式的分子是毕业时掌握的基本工作能力水平，分母是工作要求的水平。

## （二）基本工作能力重要度和满足度

高职毕业生毕业时掌握的基本工作能力水平整体呈现上升趋势，"双高"院校毕业生能力掌握水平相对更高。从近五年的数据来看，全国高职毕业生毕业时掌握的基本工作能力水平从 2016 届的 53% 上升至 2020 届的 56%。从不同院校类型来看，近五年"双高"院校毕业生毕业时掌握的基本工作能力水平均高于其他高职院校，2020 届达到了 57%（见图 9-2、图 9-3）。

高职毕业生能力培养效果持续提升。从近五年的数据来看，全国高职毕业生的基本工作能力满足度从 2016 届的 83% 上升至 2020 届的 86%。从不同院校类型来看，"双高"院校和其他高职院校毕业生的基本工作能力满足度整体均呈现上升趋势，2020 届分别为 87%、86%（见图 9-4、图 9-5）。

高职毕业生在理解交流能力方面整体培养效果较好，应用分析能力及动手能力仍有提升空间。从毕业生各项基本工作能力的重要度和满足度评价来

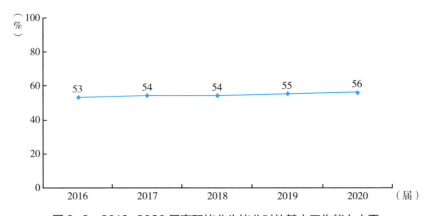

图 9-2 2016~2020 届高职毕业生毕业时的基本工作能力水平

数据来源：麦可思 - 中国 2016~2020 届大学毕业生培养质量跟踪评价。

图 9-3 2016~2020 届各类高职院校毕业生毕业时的基本工作能力水平

数据来源：麦可思 - 中国 2016~2020 届大学毕业生培养质量跟踪评价。

看，2020 届高职毕业生认为理解交流能力中的理解他人能力，科学思维能力中的逻辑思维能力，管理能力中的谈判技能，应用分析能力中的设计思维、疑难排解能力，动手能力中的电脑编程能力的重要度均较高。其中，设计思维、疑难排解以及电脑编程能力的满足度均相对偏低（见图 9-6）。

结合就业岗位来看，疑难排解能力在电力 / 能源、电气 / 电子（不包括计

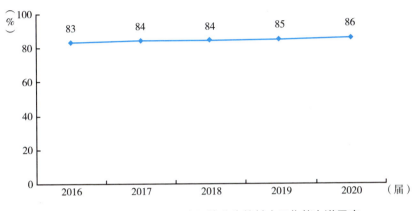

图 9-4　2016~2020 届高职毕业生的基本工作能力满足度

数据来源：麦可思－中国 2016~2020 届大学毕业生培养质量跟踪评价。

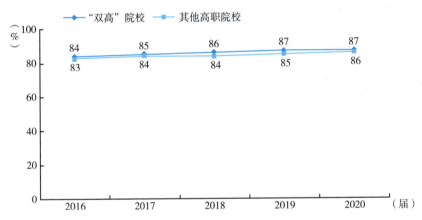

图 9-5　2016~2020 届各类高职院校毕业生的基本工作能力满足度

数据来源：麦可思－中国 2016~2020 届大学毕业生培养质量跟踪评价。

算机）、互联网开发及应用、机械 / 仪器仪表、建筑工程等技术类岗位的重要度较高，疑难排解、电脑编程能力在计算机与数据处理岗位的重要度均较高，但这些能力的满足度均相对较低（见表 9-2）。

　　服务于这些领域的专业如机电设备类、机械设计制造类、建筑设备类、电子信息类、计算机类专业，这些能力的满足度均相对较低（见表 9-3）。伴

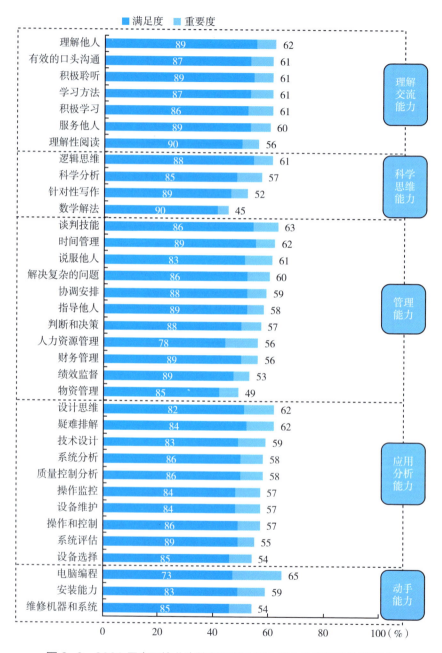

图 9-6  2020 届高职毕业生的各项基本工作能力的重要度和满足度

数据来源：麦可思-中国 2020 届大学毕业生培养质量跟踪评价。

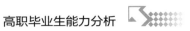

随传统产业终端化、智能化、精细化的优化升级，企业对相关技术技能人才的要求将进一步提升。

| 表 9-2  主要职业类最重要的前 3 项基本工作能力的满足度 | | |
| | | 单位：% |
| 职业类名称 | 最重要的 3 项基本工作能力 | 能力满足度 |
| --- | --- | --- |
| 保险 | 谈判技能 | 86 |
| | 说服他人 | 81 |
| | 服务他人 | 87 |
| 表演艺术 / 影视 | 时间管理 | 89 |
| | 积极学习 | 87 |
| | 有效的口头沟通 | 89 |
| 财务 / 审计 / 税务 / 统计 | 有效的口头沟通 | 87 |
| | 积极学习 | 88 |
| | 财务管理 | 88 |
| 餐饮 / 娱乐 | 有效的口头沟通 | 89 |
| | 理解他人 | 89 |
| | 积极聆听 | 89 |
| 电力 / 能源 | 安装能力 | 87 |
| | 系统分析 | 84 |
| | 疑难排解 | 83 |
| 电气 / 电子（不包括计算机） | 操作和控制 | 88 |
| | 疑难排解 | 84 |
| | 积极学习 | 86 |
| 房地产经营 | 谈判技能 | 87 |
| | 说服他人 | 80 |
| | 有效的口头沟通 | 83 |
| 工业安全与质量 | 疑难排解 | 85 |
| | 积极学习 | 85 |
| | 质量控制分析 | 83 |

| | | 续表 |
|---|---|---|
| 职业类名称 | 最重要的 3 项基本工作能力 | 能力满足度 |
| 公安 / 检察 / 法院 / 经济执法 | 有效的口头沟通 | 88 |
| | 理解性阅读 | 88 |
| | 逻辑思维 | 88 |
| 行政 / 后勤 | 积极聆听 | 88 |
| | 积极学习 | 87 |
| | 有效的口头沟通 | 86 |
| 互联网开发及应用 | 疑难排解 | 83 |
| | 积极学习 | 84 |
| | 有效的口头沟通 | 87 |
| 环境保护 | 有效的口头沟通 | 87 |
| | 科学分析 | 86 |
| | 积极学习 | 87 |
| 机动车机械 / 电子 | 有效的口头沟通 | 87 |
| | 安装能力 | 84 |
| | 维修机器和系统 | 83 |
| 机械 / 仪器仪表 | 疑难排解 | 82 |
| | 技术设计 | 82 |
| | 积极学习 | 85 |
| 计算机与数据处理 | 有效的口头沟通 | 86 |
| | 疑难排解 | 81 |
| | 电脑编程 | 70 |
| 建筑工程 | 有效的口头沟通 | 85 |
| | 疑难排解 | 83 |
| | 协调安排 | 85 |
| 交通运输 / 邮电 | 理解他人 | 89 |
| | 服务他人 | 88 |
| | 有效的口头沟通 | 88 |
| 金融（银行 / 基金 / 证券 / 期货 / 理财） | 有效的口头沟通 | 87 |
| | 积极学习 | 87 |
| | 服务他人 | 88 |

续表

| 职业类名称 | 最重要的3项基本工作能力 | 能力满足度 |
|---|---|---|
| 经营管理 | 谈判技能 | 88 |
| | 理解他人 | 89 |
| | 判断和决策 | 85 |
| 酒店/旅游/会展 | 理解他人 | 89 |
| | 服务他人 | 88 |
| | 有效的口头沟通 | 89 |
| 矿山/石油 | 有效的口头沟通 | 89 |
| | 积极学习 | 87 |
| | 操作监控 | 84 |
| 媒体/出版 | 有效的口头沟通 | 87 |
| | 积极聆听 | 87 |
| | 积极学习 | 83 |
| 美容/健身 | 有效的口头沟通 | 88 |
| | 理解他人 | 89 |
| | 服务他人 | 88 |
| 美术/设计/创意 | 设计思维 | 80 |
| | 技术设计 | 81 |
| | 有效的口头沟通 | 83 |
| 农/林/牧/渔类 | 逻辑思维 | 87 |
| | 有效的口头沟通 | 86 |
| | 积极学习 | 85 |
| 人力资源 | 理解他人 | 88 |
| | 有效的口头沟通 | 88 |
| | 人力资源管理 | 83 |
| 社区工作者 | 积极聆听 | 88 |
| | 服务他人 | 86 |
| | 理解他人 | 89 |
| 生产/运营 | 疑难排解 | 86 |
| | 有效的口头沟通 | 86 |
| | 积极学习 | 86 |

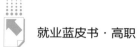

续表

| 职业类名称 | 最重要的 3 项基本工作能力 | 能力满足度 |
|---|---|---|
| 生物 / 化工 | 积极学习 | 86 |
| | 疑难排解 | 84 |
| | 操作监控 | 81 |
| 文化 / 体育 | 积极学习 | 87 |
| | 有效的口头沟通 | 85 |
| | 服务他人 | 88 |
| 物流 / 采购 | 谈判技能 | 85 |
| | 有效的口头沟通 | 87 |
| | 积极学习 | 87 |
| 销售 | 积极学习 | 85 |
| | 谈判技能 | 86 |
| | 有效的口头沟通 | 85 |
| 医疗保健 / 紧急救助 | 疑难排解 | 85 |
| | 理解他人 | 88 |
| | 服务他人 | 89 |
| 幼儿与学前教育 | 理解他人 | 89 |
| | 积极学习 | 87 |
| | 服务他人 | 88 |
| 职业 / 教育培训 | 理解他人 | 88 |
| | 有效的口头沟通 | 85 |
| | 指导他人 | 87 |
| 中小学教育 | 理解他人 | 89 |
| | 积极学习 | 86 |
| | 指导他人 | 88 |

注：个别职业类因为样本较少，没有包括在内。

数据来源：麦可思－中国 2020 届大学毕业生培养质量跟踪评价。

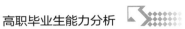

| 专业类名称 | 最重要的 3 项基本工作能力 | 能力满足度 |
|---|---|---|
| 表演艺术类 | 积极学习 | 87 |
| | 指导他人 | 87 |
| | 有效的口头沟通 | 87 |
| 财务会计类 | 有效的口头沟通 | 87 |
| | 积极学习 | 88 |
| | 财务管理 | 89 |
| 测绘地理信息类 | 疑难排解 | 89 |
| | 有效的口头沟通 | 89 |
| | 积极学习 | 88 |
| 城市轨道交通类 | 有效的口头沟通 | 87 |
| | 疑难排解 | 85 |
| | 操作监控 | 83 |
| 畜牧业类 | 有效的口头沟通 | 87 |
| | 积极学习 | 85 |
| | 服务他人 | 86 |
| 道路运输类 | 疑难排解 | 84 |
| | 有效的口头沟通 | 86 |
| | 协调安排 | 87 |
| 电力技术类 | 系统分析 | 81 |
| | 疑难排解 | 83 |
| | 操作监控 | 79 |
| 电子商务类 | 理解他人 | 89 |
| | 积极学习 | 87 |
| | 有效的口头沟通 | 87 |
| 电子信息类 | 有效的口头沟通 | 86 |
| | 疑难排解 | 82 |
| | 质量控制分析 | 83 |
| 房地产类 | 谈判技能 | 87 |
| | 服务他人 | 89 |
| | 有效的口头沟通 | 86 |

表 9-3　主要专业类最重要的前 3 项基本工作能力的满足度

单位：%

续表

| 专业类名称 | 最重要的 3 项基本工作能力 | 能力满足度 |
|---|---|---|
| 工商管理类 | 谈判技能 | 89 |
| | 理解他人 | 89 |
| | 有效的口头沟通 | 88 |
| 公共管理类 | 积极学习 | 86 |
| | 有效的口头沟通 | 86 |
| | 人力资源管理 | 81 |
| 公共事业类 | 理解他人 | 86 |
| | 服务他人 | 81 |
| | 有效的口头沟通 | 87 |
| 广播影视类 | 积极聆听 | 87 |
| | 积极学习 | 88 |
| | 有效的口头沟通 | 85 |
| 护理类 | 理解他人 | 88 |
| | 服务他人 | 89 |
| | 有效的口头沟通 | 88 |
| 化工技术类 | 积极学习 | 85 |
| | 疑难排解 | 84 |
| | 操作监控 | 81 |
| 机电设备类 | 有效的口头沟通 | 84 |
| | 疑难排解 | 81 |
| | 设备维护 | 83 |
| 机械设计制造类 | 有效的口头沟通 | 87 |
| | 技术设计 | 82 |
| | 疑难排解 | 83 |
| 计算机类 | 疑难排解 | 82 |
| | 电脑编程 | 71 |
| | 有效的口头沟通 | 85 |
| 建设工程管理类 | 谈判技能 | 86 |
| | 有效的口头沟通 | 84 |
| | 疑难排解 | 85 |

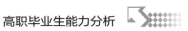

续表

| 专业类名称 | 最重要的 3 项基本工作能力 | 能力满足度 |
|---|---|---|
| 建筑设备类 | 有效的口头沟通 | 85 |
| | 积极学习 | 85 |
| | 疑难排解 | 82 |
| 建筑设计类 | 有效的口头沟通 | 81 |
| | 技术设计 | 78 |
| | 疑难排解 | 77 |
| 教育类 | 学习方法 | 86 |
| | 指导他人 | 88 |
| | 理解他人 | 89 |
| 金融类 | 谈判技能 | 85 |
| | 理解他人 | 88 |
| | 有效的口头沟通 | 87 |
| 经济贸易类 | 谈判技能 | 87 |
| | 积极学习 | 88 |
| | 有效的口头沟通 | 87 |
| 康复治疗类 | 有效的口头沟通 | 84 |
| | 积极学习 | 83 |
| | 积极聆听 | 89 |
| 林业类 | 有效的口头沟通 | 84 |
| | 理解他人 | 87 |
| | 积极学习 | 81 |
| 临床医学类 | 疑难排解 | 81 |
| | 积极学习 | 82 |
| | 有效的口头沟通 | 83 |
| 旅游类 | 理解他人 | 89 |
| | 有效的口头沟通 | 88 |
| | 服务他人 | 89 |
| 农业类 | 学习方法 | 83 |
| | 有效的口头沟通 | 86 |
| | 协调安排 | 84 |

续表

| 专业类名称 | 最重要的 3 项基本工作能力 | 能力满足度 |
|---|---|---|
| 汽车制造类 | 安装能力 | 83 |
| | 有效的口头沟通 | 86 |
| | 疑难排解 | 85 |
| 食品工业类 | 疑难排解 | 84 |
| | 有效的口头沟通 | 88 |
| | 积极学习 | 88 |
| 市场营销类 | 理解他人 | 88 |
| | 积极学习 | 87 |
| | 有效的口头沟通 | 87 |
| 市政工程类 | 疑难排解 | 81 |
| | 有效的口头沟通 | 85 |
| | 积极学习 | 87 |
| 铁道运输类 | 有效的口头沟通 | 89 |
| | 疑难排解 | 84 |
| | 操作监控 | 87 |
| 通信类 | 有效的口头沟通 | 89 |
| | 疑难排解 | 86 |
| | 积极学习 | 88 |
| 土建施工类 | 有效的口头沟通 | 86 |
| | 协调安排 | 84 |
| | 疑难排解 | 83 |
| 物流类 | 时间管理 | 87 |
| | 积极学习 | 87 |
| | 有效的口头沟通 | 88 |
| 药品制造类 | 有效的口头沟通 | 88 |
| | 积极学习 | 88 |
| | 疑难排解 | 87 |
| 药学类 | 服务他人 | 88 |
| | 积极学习 | 86 |
| | 有效的口头沟通 | 87 |

| 专业类名称 | 最重要的 3 项基本工作能力 | 能力满足度 |
|---|---|---|
| 医学技术类 | 操作和控制 | 88 |
| | 有效的口头沟通 | 86 |
| | 积极学习 | 87 |
| 艺术设计类 | 设计思维 | 81 |
| | 技术设计 | 81 |
| | 有效的口头沟通 | 85 |
| 语言类 | 积极学习 | 86 |
| | 理解他人 | 89 |
| | 有效的口头沟通 | 88 |
| 自动化类 | 有效的口头沟通 | 86 |
| | 疑难排解 | 84 |
| | 积极学习 | 85 |

注：个别专业类因为样本较少，没有包括在内。

数据来源：麦可思－中国 2020 届大学毕业生培养质量跟踪评价。

信息搜索与处理、终身学习能力在工作岗位中的需求程度最高，其中终身学习能力满足工作需求的比例仍相对较低。从毕业生毕业三年后各项通用能力的需求度和满足度评价来看，2017 届高职毕业生认为信息搜索与处理、终身学习能力在工作中的需求度（均为 68%）最高，但终身学习能力满足工作的比例（88%）低于其他工作能力（见图 9-7）。随着工作时间的延长，终身学习能力对毕业生职业发展的重要程度升高。高校在注重专业能力的培养外，也需关注终身学习等可迁移能力的培养和提升效果。

### （三）主要职业、专业最重要的前3项基本工作能力的满足度

不同职业类、专业类最重要的基本工作能力及其达成效果有所差异。相关院校和专业可基于自身主要服务面向领域的实际需求，进一步完善能力

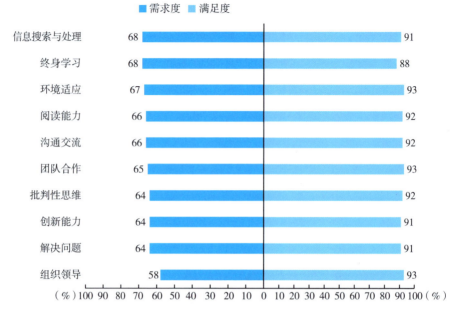

图 9-7　2017 届高职毕业生毕业三年后各项通用能力的需求度和满足度

数据来源：麦可思 - 中国 2017 届大学毕业生三年后职业发展跟踪评价。

本位的课程体系，从而更好地促进毕业生的能力达成，不断强化人才培养效果。

## 二　在校素养提升

**素养提升：**由毕业生选择，大学帮助自己在哪些方面素养得到明显提升。一个毕业生可选择多项，也可选择"没有任何帮助"。工程类、艺术类、医学类、商科类专业在素养培养上有各自的特点，故这里的素养选项有所不同，具体描述见表 9-4。

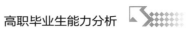

| 专业类型 | 素养提升选项 | 专业类型 | 素养提升选项 |
|---|---|---|---|
| 表 9-4  不同类型专业素养提升选项 | | | |
| 工程类 | 诚实守信 | 医学类 | 包容精神 |
| | 工程安全 | | 诚实守信 |
| | 关注社会 | | 关注社会 |
| | 环境意识 | | 积极努力、追求上进 |
| | 积极努力、追求上进 | | 健康卫生 |
| | 开拓创新 | | 科学态度 |
| | 乐于助人 | | 乐于助人 |
| | 人生的乐观态度 | | 人生的乐观态度 |
| | 团队合作 | | 职业道德 |
| | 遵纪守法 | | 遵纪守法 |
| 艺术类 | 包容精神 | 商科类 | 包容精神 |
| | 诚实守信 | | 诚实守信 |
| | 创新精神 | | 环境意识 |
| | 关注社会 | | 积极努力、追求上进 |
| | 环境意识 | | 乐于助人 |
| | 积极努力、追求上进 | | 人生的乐观态度 |
| | 乐于助人 | | 商业道德 |
| | 人生的乐观态度 | | 社会责任 |
| | 艺术修养 | | 团队合作 |
| | 遵纪守法 | | 遵纪守法 |
| 其他类 | 包容精神 | | |
| | 诚实守信 | | |
| | 关注社会 | | |
| | 环境意识 | | |
| | 积极努力、追求上进 | | |
| | 乐于助人 | | |
| | 勤俭朴素 | | |
| | 人生的乐观态度 | | |
| | 人文美学 | | |
| | 遵纪守法 | | |

立德树人是高校人才培养的根本任务，学生在校期间的素养提升情况需持续关注。整体来看，大学帮助毕业生在"积极努力、追求上进""人生的乐观态度""遵纪守法"等方面均获得了明显提升。毕业生在校期间所培养和提升的乐观向上、积极进取等素养有助于在其毕业季完成自我角色转换，做好就业心理准备。此外，不同专业在素养培养上的表现特点有所差异，具体如下。

对于工程类专业来说，OBE 的工程教育要求工程人才不仅应懂得运用所学知识解决实际工程问题，还应具备相应的职业素养，包括团队协作、对社会和环境的责任、法律意识等。从数据来看，2020 届高职工程类专业有 96% 的毕业生认为大学帮助自己获得了素养上的提升，其中"遵纪守法"、"团

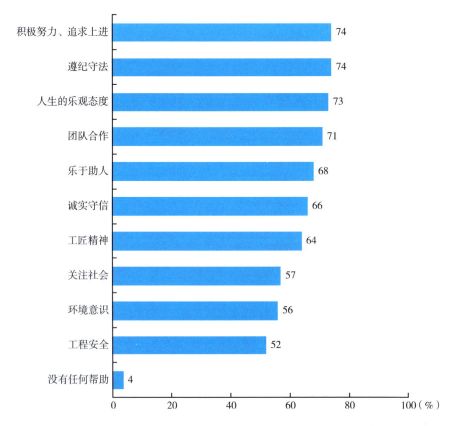

图 9-8　2020 届高职工程类专业毕业生大学期间的素养提升（多选）

数据来源：麦可思－中国 2020 届大学毕业生培养质量跟踪评价。

队合作"、"关注社会"、"环境意识"、"工程安全"素养提升的比例分别为74%、71%、57%、56%、52%（见图9-8）。当前工程安全、环境意识、关注社会等方面培养效果仍相对较弱，相关专业可关注所开设课程对相关素养提升的支撑情况。

艺术类专业在校期间积极进取，艺术修养、乐观态度、遵纪守法方面提升更为明显。从数据来看，2020届高职艺术类专业有96%的毕业生认为大学帮助自己获得了素养上的提升，其中认为在校期间大学对自己素养提升较高的方面为"积极努力、追求上进"（74%）、"艺术修养"（71%）、"人生的乐观态度"（71%）、"遵纪守法"（70%）（见图9-9）。

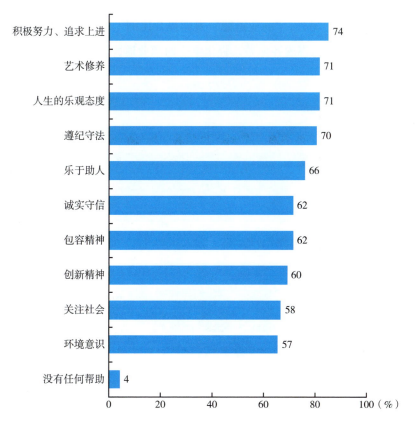

图 9-9　2020届高职艺术类专业毕业生大学期间的素养提升（多选）

数据来源：麦可思－中国2020届大学毕业生培养质量跟踪评价。

医学类专业高职生在校期间在积极进取、遵纪守法、职业道德方面提升更为明显。从数据来看，2020届高职医学类专业有96%的毕业生认为大学帮助自己获得了素养上的提升，其中认为在校期间大学对自己素养提升较高的方面为"积极努力、追求上进"（76%）、"遵纪守法"（74%）、"职业道德"（73%）。另外，"科学态度"素养提升比例（53%）相对较低，相关专业可关注所开设课程以及临床实践对相关素养提升的支撑情况（见图9-10）。

商科类专业高职生在校期间在积极进取、遵纪守法、乐观态度方面提升更为明显。从数据来看，2020届高职商科类专业有97%的毕业生认为大学帮助自己获得了素养上的提升，其中，认为在校期间大学对自己素养提升较高的方面为"积极努力、追求上进"（76%）、"遵纪守法"（75%）、"人生的乐观态度"（74%）。另外，"商业道德"素养提升比例（53%）相对较低，相关专业可进一步完善课程内容体系，强化学生的商业道德意识（见图9-11）。

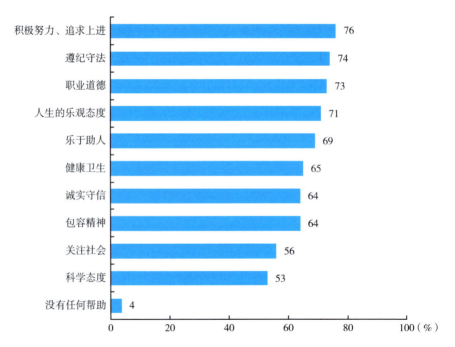

图9-10 2020届高职医学类专业毕业生大学期间的素养提升（多选）

数据来源：麦可思－中国2020届大学毕业生培养质量跟踪评价。

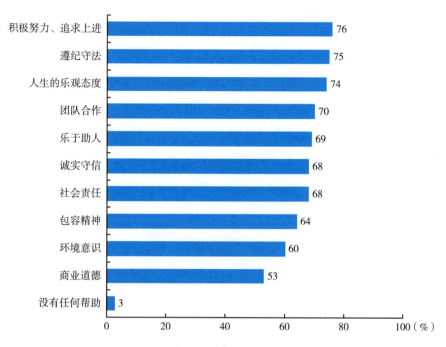

图 9-11　2020 届高职商科类专业毕业生大学期间的素养提升（多选）

数据来源：麦可思 - 中国 2020 届大学毕业生培养质量跟踪评价。

　　其他类专业高职生在校期间在积极进取、乐观态度方面提升更为明显。从数据来看，2020 届高职其他类专业有 97% 的毕业生认为大学帮助自己获得了素养上的提升，其中认为在校期间大学对自己素养提升较高的方面为"积极努力、追求上进"（78%）、"人生的乐观态度"（76%）、"遵纪守法"（73%）（见图 9-12）。

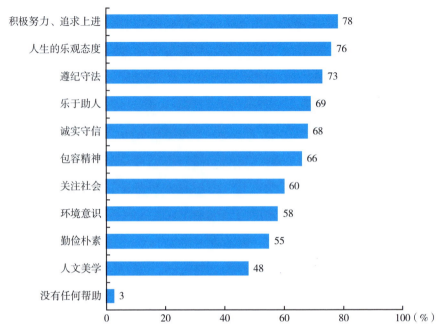

**图 9-12　2020 届高职其他类专业毕业生大学期间的素养提升（多选）**

注：此处其他类专业是指高职除工程类、艺术类、医学类、商科类之外的专业。

数据来源：麦可思－中国 2020 届大学毕业生培养质量跟踪评价。

# B.10
## 高职毕业生对学校的满意度分析

摘　要：校友评价对高职院校改进教学、优化学生在校体验、提升办学水平具有重要参考作用。通过分析校友满意度、学生工作与服务满意度发现，毕业生对母校的满意度稳步提升，反映出学生对高等职业教育教学与服务水平进一步认可。与此同时，毕业生对母校教学的满意度呈上升趋势，高职教学工作持续优化，核心课程培养效果逐年提升。另外，疫情下高校就业指导服务工作效果提升明显，在促进毕业生顺利就业方面发挥了越来越大的作用；学生工作及生活服务的效果也持续改善，学生在校体验不断优化。

关键词：母校满意度　教学改进　课程评价　求职服务　在校体验

## 一　对母校的总体满意度

毕业生对母校的满意度[①]稳步提升，可见毕业生对高等职业教育教学与服务水平进一步认可。从近五年的数据来看，毕业生对母校的满意度从2016届的89%上升到2020届的92%，五年内上升了3个百分点。从不同院校类

---

[①]　**对母校的总体满意度：**由毕业生回答对母校的总体满意度，选项有"很满意""满意""不满意""很不满意""无法评估"共五项。其中，"满意""很满意"属于满意的范围，"不满意""很不满意"属于不满意的范围。对母校的总体满意度是回答满意范围的人数百分比，计算公式的分子是回答满意范围的人数，分母是回答不满意范围和满意范围的总人数。

型来看，"双高"院校毕业生对母校的满意度近五届上升了2个百分点，其他高职院校毕业生对母校的满意度上升幅度更大，与"双高"院校的差距逐渐缩小（见图10-1、图10-2）。

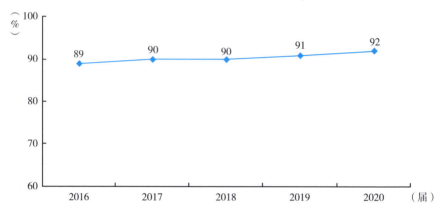

图10-1　2016~2020届高职毕业生对母校的总体满意度变化趋势

数据来源：麦可思－中国2016~2020届大学毕业生培养质量跟踪评价。

图10-2　2016~2020届各类高职院校毕业生对母校的总体满意度变化趋势

数据来源：麦可思－中国2016~2020届大学毕业生培养质量跟踪评价。

## 二 学生服务满意度

### （一）教学满意度

教学满意度①持续上升，高职教学工作持续优化。从近五年的数据来看，毕业生对母校教学的满意度呈上升趋势，由 2016 届的 89% 上升至 2020 届的 92%。从不同院校类型来看，"双高"院校教学满意度持续保持在 90% 以上，且每年上升 1 个百分点；其他高职院校在 2019 届首次达到 90%，2020 届进一步上升至 91%（见图 10-3、图 10-4）。

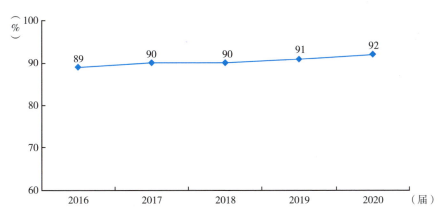

图 10-3　2016~2020 届高职毕业生对母校的教学满意度变化趋势

数据来源：麦可思 – 中国 2016~2020 届大学毕业生培养质量跟踪评价。

实践教学是高职教学工作重点改进的内容。从毕业生对母校教学的改进反馈来看，近六成毕业生认为实习和实践环节不够；另外，调动学生学习兴趣、学生课堂参与、课程内容更新也是毕业生期待改进较多的方面。完善实践教学并持续推进"三教"改革是高职院校提升人才培养质量的重要切入点，后续教学工作可有针对性地改进（见图 10-5）。

---

① **教学满意度**：由毕业生回答对母校的教学满意度，选项有"很满意"、"满意"、"不满意"、"很不满意"、"无法评估"五项。其中，"满意"、"很满意"属于满意的范围，"不满意"、"很不满意"属于不满意的范围。教学满意度是回答满意范围的人数百分比，计算公式的分子是回答满意范围的人数，分母是回答不满意范围和满意范围的总人数。

**图 10-4　2016~2020 届各类高职院校毕业生对母校的教学满意度变化趋势**

数据来源：麦可思－中国 2016~2020 届大学毕业生培养质量跟踪评价。

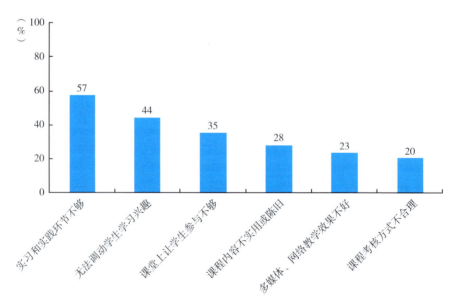

**图 10-5　2020 届高职毕业生认为母校的教学需要改进的地方**

数据来源：麦可思－中国 2020 届大学毕业生培养质量跟踪评价。

## （二）核心课程评价

高职课程设置与实际工作岗位需求整体匹配程度保持稳定。从近五年的数据来看，高职工作与专业相关毕业生对核心课程的重要度[①]评价基本持稳，2020届为89%。从不同院校类型来看，其他高职院校核心课程重要度评价整体略高于"双高"院校，2020届"双高"院校和其他高职院校毕业生对核心课程的重要度评价分别为88%、89%（见图10-6、图10-7）。

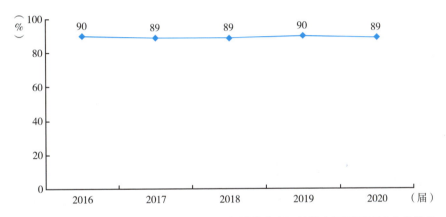

图10-6 2016~2020届高职工作与专业相关毕业生评价核心课程重要度变化趋势

数据来源：麦可思－中国2016~2020届大学毕业生培养质量跟踪评价。

核心课程培养效果逐年提升。从近五年的数据来看，高职工作与专业相关毕业生对核心课程的满足度[②]稳步提升，从2016届的75%上升至2020届的83%，上升了8个百分点。从不同院校类型来看，"双高"院校核心课程满足度从2016届的73%上升至2020届的82%，五年内上升9个百分点；其他

---

[①] **课程的重要度**：由从事专业相关工作的毕业生判定课程在自己的工作中是否重要。毕业生对课程对工作的重要度评价分为"无法评估"、"不重要"、"有些重要"、"重要"、"非常重要"、"极其重要"，其中"有些重要"、"重要"、"非常重要"、"极其重要"属于重要的范围。

[②] **课程的满足度**：回答了课程"有些重要"到"极其重要"的毕业生会被要求回答课程训练是否满足工作要求，满足度指标是回答某课程能满足工作的百分比。计算公式的分子是回答"满足"的人数，分母是回答"满足"和"不满足"的总人数。

151

图 10-7　2016~2020 届各类高职院校工作与专业相关毕业生评价核心课程
重要度变化趋势

数据来源：麦可思－中国 2016~2020 届大学毕业生培养质量跟踪评价。

高职院校从 2016 届的 75% 上升至 2020 届的 83%，五年内上升 8 个百分点（见图 10-8、图 10-9）。

　　从不同专业大类来看，医药卫生大类、教育与体育大类、公共管理与服务大类核心课程重要度及满足度均较高，电子信息大类核心课程重要度及满足度均相对较低。具体来看，医药卫生大类、教育与体育大类、公共管理与

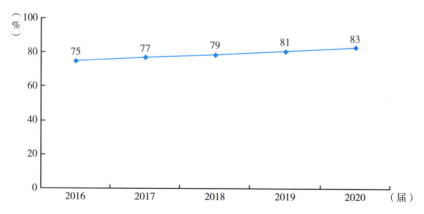

图 10-8　2016~2020 届高职工作与专业相关毕业生的核心课程满足度变化趋势

数据来源：麦可思－中国 2016~2020 届大学毕业生培养质量跟踪评价。

图 10-9  2016~2020 届各类高职院校工作与专业相关毕业生的核心课程满足度变化趋势

数据来源：麦可思－中国 2016~2020 届大学毕业生培养质量跟踪评价。

服务大类的核心课程重要度评价分别为 95%、94%、94%，满足度评价分别为 87%、89%、85%，核心课程设置及培养效果均较好；电子信息大类的核心课程重要度和满足度评价（分别为 77%、71%）排名靠后（见图 10-10），结合其能力培养效果来看，电子信息大类在疑难排解、电脑编程能力方面的培养效果均相对较差。课程是能力达成的基本单元，相关院校和专业可进一步梳理和完善课程体系，加强课程培养效果，不断提升课程对培养目标和毕业要求达成的支撑度。

### （三）师生交流频度

"双高"院校毕业生与任课教师课下交流更为频繁。具体来看，2020 届有 61% 的毕业生与任课教师"每周至少一次"或"每月至少一次"课下交流，其中"双高"院校毕业生与任课教师"每周至少一次"或"每月至少一次"课下交流程度（63%）高于其他高职院校这一比例（60%）。师生互动是高职教法改革的重点内容之一，相关院校和专业可进一步完善相应机制，从而更好地促进师生之间的有效互动与交流（见图 10-11）。

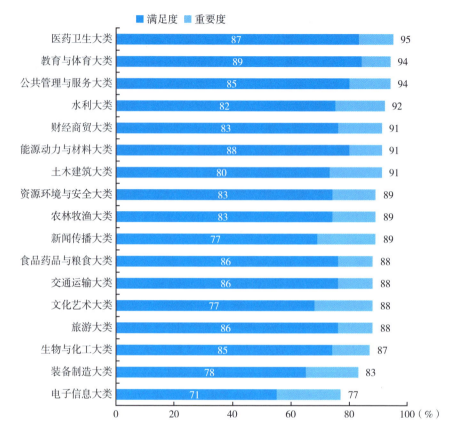

图 10-10 2020 届高职各专业大类工作与专业相关毕业生的核心课程重要度和满足度评价

注：个别专业大类因为样本较少，没有包括在内。

数据来源：麦可思－中国 2020 届大学毕业生培养质量跟踪评价。

从不同专业大类来看，与任课教师"每周至少一次"或"每月至少一次"课下交流程度较高的是水利大类（70%）、能源动力与材料大类（69%），较低的是医药卫生大类（56%）（见图 10-12）。

（四）求职服务满意度

就业指导服务是高校学生服务工作的重要事项。数据显示，高职院校就

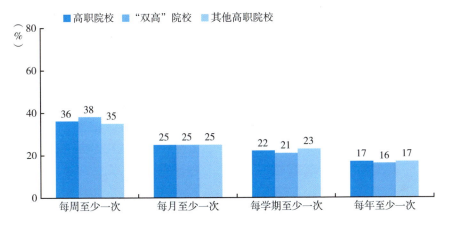

**图 10-11　2020 届高职毕业生与任课教师课下交流程度**

数据来源：麦可思 – 中国 2020 届大学毕业生培养质量跟踪评价。

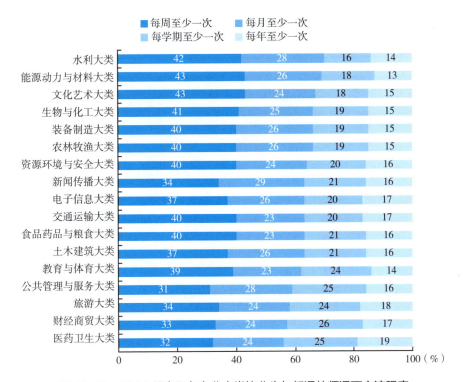

**图 10-12　2020 届高职各专业大类毕业生与任课教师课下交流程度**

注：个别专业大类因为样本较少，没有包括在内。

数据来源：麦可思 – 中国 2020 届大学毕业生培养质量跟踪评价。

业指导相关工作成效显著，毕业生对母校就业指导服务的满意度[①]持续上升，就业指导工作开展效果持续增强。从近五年的数据来看，毕业生对母校就业指导服务的满意度由 2016 届的 79% 持续上升至 2020 届的 89%，五年内上升了 10 个百分点（见图 10-13）。就业指导服务工作的有效开展为毕业生顺利落实就业提供了坚实的保障。

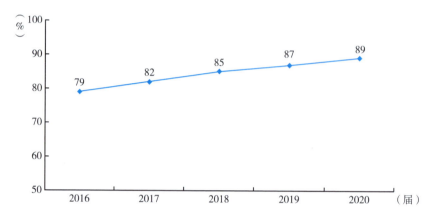

图 10-13 2016~2020 届高职毕业生对就业指导服务的满意度变化趋势

数据来源：麦可思-中国 2016~2020 届大学毕业生培养质量跟踪评价。

从不同院校类型来看，"双高"院校、其他高职院校均表现出持续上升的趋势，且"双高"院校毕业生对就业指导服务工作的认可程度更高。2020 届"双高"院校、其他高职院校就业指导服务满意度分别达到 91%、88%（见图 10-14）。

从学校开展的具体求职服务来看，超过八成（84%）毕业生接受过母校提供的求职服务。其中，参与最多的是"大学组织的线下招聘会"（54%），其次是"大学组织的线上招聘会"、"职业发展规划"（均为 31%）。在疫情影

---

① **就业指导服务满意度**：由毕业生回答对母校就业指导服务的满意度，选项有"很满意"、"满意"、"不满意"、"很不满意"、"无法评估"五项。其中，"满意"、"很满意"属于满意的范围，"不满意"、"很不满意"属于不满意的范围。就业指导服务满意度是回答满意范围的人数百分比，计算公式的分子是回答满意范围的人数，分母是回答不满意范围和满意范围的总人数。

**图 10-14 2016~2020 届各高职院校毕业生对就业指导服务的满意度变化趋势**

数据来源：麦可思－中国 2016~2020 届大学毕业生培养质量跟踪评价。

响下，线上招聘活动得到了广泛开展。

从有效性来看，毕业生对"辅导求职技能"的有效性评价（93%）最高，对线上、线下招聘会的有效性评价（均为 86%）相对较低（见图 10-15）。高校求职服务整体上得到了毕业生的高度认可，当然后续各类线上、线下招聘活动的组织开展工作可持续完善，以不断拓展就业服务工作边界，从而更好

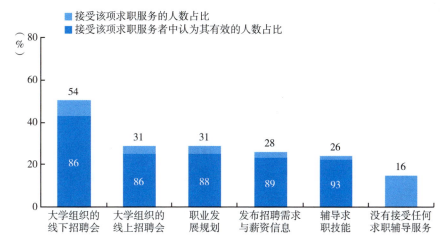

**图 10-15 2020 届高职毕业生接受过求职服务者的占比及有效性评价**

数据来源：麦可思－中国 2020 届大学毕业生培养质量跟踪评价。

地促进毕业生的就业落实与发展。

从毕业生获得第一份工作的渠道来看，有 23% 的高职毕业生通过"实习 / 顶岗实习"获得第一份工作，其后是"通过专业求职网站（包括 App、论坛、微信公众号等）"（22%）、"本大学的招聘活动或发布的招聘信息"（20%）等（见图 10-16）。此外，近五年高职毕业生通过校园渠道（招聘会、顶岗实习、订单培养等）获得第一份工作的比例逐年上升，高校在促进大学生顺利就业方面发挥了越来越大的作用。

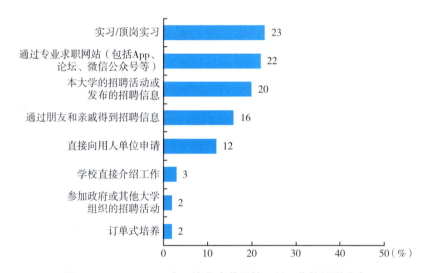

图 10-16　2020 届高职毕业生获得第一份工作的渠道分布

数据来源：麦可思 - 中国 2020 届大学毕业生培养质量跟踪评价。

## （五）学生工作满意度

毕业生对母校学生工作的满意度[①] 持续上升，育人工作效果持续改善。从近五年的数据来看，毕业生对学生工作的满意度由 2016 届的 84% 上升到了

---

① 　学生工作满意度：由毕业生回答对母校的学生工作满意度，选项有"很满意"、"满意"、"不满意"、"很不满意"、"无法评估"五项。其中，"满意"、"很满意"属于满意的范围，"不满意"、"很不满意"属于不满意的范围。学生工作满意度是回答满意范围的人数百分比，计算公式的分子是回答满意范围的人数，分母是回答不满意范围和满意范围的总人数。

2020 届的 91%，学生工作的开展效果进一步显现。从不同院校类型来看，"双高"院校、其他高职院校毕业生对母校学生工作的满意度均表现出持续上升的趋势，其中，其他高职院校上升速度更快，从 2018 届起达到"双高"院校水平（见图 10-17、图 10-18）。

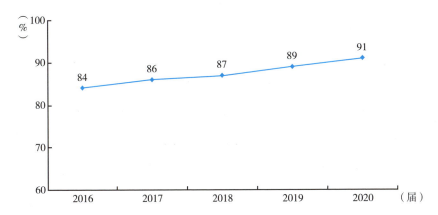

图 10-17　2016~2020 届高职毕业生对母校的学生工作满意度变化趋势

数据来源：麦可思－中国 2016~2020 届大学毕业生培养质量跟踪评价。

图 10-18　2016~2020 届各高职院校毕业生对母校的学生工作满意度变化趋势

数据来源：麦可思－中国 2016~2020 届大学毕业生培养质量跟踪评价。

另外，在毕业生对母校学生工作的改进反馈中，与辅导员等接触时间太少、学生社团活动组织不够好以及解决学生问题不及时是毕业生反馈最为集中的改进点，其中在与辅导员等沟通交流方面 2020 届已有所改善（见图 10-19）。

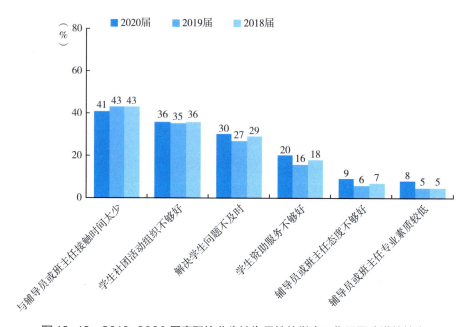

图 10-19　2018~2020 届高职毕业生认为母校的学生工作需要改进的地方

数据来源：麦可思－中国 2018~2020 届大学毕业生培养质量跟踪评价。

## （六）生活服务满意度

毕业生对母校生活服务的满意度[①]持续上升，后勤服务工作开展效果进一步显现。从近五年的数据来看，毕业生对生活服务的满意度由 2016 届的 84% 稳步上升到 2020 届的 92%，五年之内上升了 8 个百分点。从不同院校类型来看，"双高"院校、其他高职院校毕业生对母校生活服务的满意度均呈现

---

[①]　**生活服务满意度**：由毕业生回答对母校的生活服务满意度，选项有"很满意"、"满意"、"不满意"、"很不满意"、"无法评估"五项。其中，"满意"、"很满意"属于满意的范围，"不满意"、"很不满意"属于不满意的范围。生活服务满意度是回答满意范围的人数百分比，计算公式的分子是回答满意范围的人数，分母是回答不满意范围和满意范围的总人数。

上升的趋势，其中其他高职院校与"双高"院校差距进一步缩小，2020届已追平"双高"院校，均达到92%（见图10-20、图10-21）。

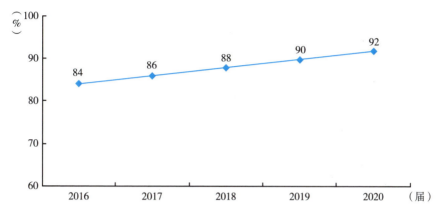

图10-20　2016~2020届高职毕业生对母校的生活服务满意度变化趋势

数据来源：麦可思－中国2016~2020届大学毕业生培养质量跟踪评价。

图10-21　2016~2020届各高职院校毕业生对母校的生活服务满意度变化趋势

数据来源：麦可思－中国2016~2020届大学毕业生培养质量跟踪评价。

另外，2020届均有超过三成高职毕业生表示希望母校食堂饭菜质量及服务、洗浴服务、宿舍服务进一步改进。食堂、宿舍等是影响高职生在校生活体验的重要因素，高校可有针对性地改善（见图10-22）。

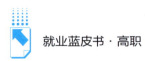

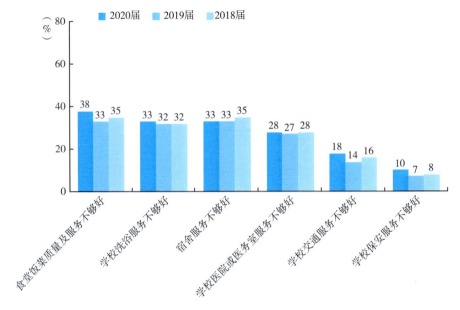

图 10-22　2018~2020 届高职毕业生认为母校的生活服务需要改进的地方

数据来源：麦可思－中国 2018~2020 届大学毕业生培养质量跟踪评价。

# 专题报告
## Special Reports

**B.11**

# 疫情影响下的高职毕业生就业分析

摘　要：疫情对大学生毕业去向产生较大影响。本专题通过分析应届高职生就业的行业发现，疫情对服务性产业冲击较大，政策性岗位对缓解就业压力起到重要作用，刚需产业是保障就业的"稳定器"，新兴岗位、新业态为毕业生就业创造了新机会；疫情也对升学有一定影响，专升本扩招政策下升本人数猛增，较大程度缓解了就业压力。另外，高校就业帮扶工作成效显现。

关键词：高职生　就业指导　大学生就业

2020 年新冠肺炎疫情全球突发给应届生求职带来了巨大挑战。2020 届高职毕业生中，近六成（56%）表示疫情对自己的求职就业造成了影响，这种影响主要体现在招聘岗位减少、求职难度加大（70%），以及求职进程（实习、面试等环节）受阻（67%）等方面。

本专题将从疫情对不同行业的影响、对毕业生升学的影响，以及疫情下就业工作的开展成效三方面进行分析，从而为各级教育主管部门、各高校在"后疫情"时代就业政策的制定、完善以及人才培养与就业帮扶工作的开展提供参考。

# 一　疫情对不同行业就业的影响

## （一）服务性产业受冲击较大

疫情对服务性产业冲击较大。2020届高职毕业生在服务业的就业比例下降，2020届为62.0%，比2019届（63.5%）下降1.5个百分点。具体来看，金融业、各类专业设计与咨询服务业、运输业和酒店/旅游/会展服务人员均受到不同程度影响，2020届高职毕业生在上述领域或岗位的就业比例出现波动。其中，金融业、各类专业设计与咨询服务业是近三年就业比例持续下滑明显的行业，2020届（分别为4.2%、4.3%）比2018届分别下降1个百分点、0.6个百分点；酒店/旅游/会展服务人员是疫情期间就业比例下滑明显的岗位，2020届为1.5%，比2019届下降0.4个百分点（见表11-1、表11-2）。

表11-1　2018~2020届高职生在疫情影响较大的服务行业就业比例情况

| 行业类名称 | 就业比例（%） | | | 两年（2020-2019届）比较下降百分点（个） | 三年（2020-2018届）比较下降百分点（个） |
|---|---|---|---|---|---|
| | 2018届 | 2019届 | 2020届 | | |
| 金融业 | 5.2 | 4.6 | 4.2 | -0.4 | -1.0 |
| 各类专业设计与咨询服务业 | 4.9 | 4.7 | 4.3 | -0.4 | -0.6 |
| 运输业 | 3.0 | 3.0 | 2.8 | -0.2 | -0.2 |

数据来源：麦可思-中国2018~2020届大学毕业生培养质量跟踪评价。

表 11-2　2018~2020 届高职生在疫情影响较大的服务岗位就业比例情况

| 职业类名称 | 就业比例（%） | | | 两年（2020-2019 届）比较下降百分点（个） | 三年（2020-2018 届）比较下降百分点（个） |
|---|---|---|---|---|---|
| | 2018 届 | 2019 届 | 2020 届 | | |
| 酒店 / 旅游 / 会展服务人员 | 1.8 | 1.9 | 1.5 | -0.4 | -0.3 |

数据来源：麦可思－中国 2018~2020 届大学毕业生培养质量跟踪评价。

### （二）政策性岗位对"稳就业"起到支撑作用

国有企业在毕业生就业中起到支撑作用。2020 届高职工程类专业毕业生在国有企业就业的比例为 24%，高于 2019 届（22%）。2020 年教育部会同国家发改委、财政部、人社部等 20 多个部门在促进高校毕业生就业方面出台了 30 余项政策措施，挖掘岗位供给、扩大国有企业毕业生招录规模是其中的重要举措之一。电力 / 热力 / 燃气及水生产和供应业、采矿业、建筑业均是国有企业集中的领域（见表 11-3），这些行业的 2020 届高职毕业生中分别有 55%、43%、30% 的人就职于国企。国有企业提供的就业机会减轻了毕业生就业压力。

表 11-3　2018~2020 届高职生在国企占比较高的行业就业比例情况

| 行业类名称 | 就业比例（%） | | |
|---|---|---|---|
| | 2018 届 | 2019 届 | 2020 届 |
| 建筑业 | 11.9 | 11.1 | 11.4 |
| 电力、热力、燃气及水生产和供应业 | 1.3 | 1.8 | 2.0 |
| 采矿业 | 0.5 | 0.6 | 0.7 |

数据来源：麦可思－中国 2018~2020 届大学毕业生培养质量跟踪评价。

### （三）刚需产业是保障就业的"稳定器"

农、林、牧、渔业的就业比例增加。2020 届高职毕业生在该行业就业的比例为 2.3%，比 2019 届（1.9%）增加 0.4 个百分点。在接下来的"十四五"

时期，国家将致力于全面推进乡村振兴战略，毕业生在该领域的就业和发展也将拥有新的机遇。

制造业的就业比例增加。数据显示，2020届高职毕业生在电子电气设备制造业、机械设备制造业、医药及设备制造业、纺织/服装/皮革制造业、初级金属制造业、玻璃黏土/石灰水泥制品业就业比例稳定（见表11-4）。由于疫情迅速得到控制，2020年我国经济运行逐渐恢复，在复工复产各项举措的推动下，第一、第二产业得以快速恢复，成为支撑国内经济增长的重要动力。生产的恢复也为稳定就业提供了支持。

表11-4 2018~2020届高职生在刚需产业就业比例情况

| 行业类名称 | 就业比例（%） | | |
| --- | --- | --- | --- |
| | 2018届 | 2019届 | 2020届 |
| 农、林、牧、渔业 | 1.9 | 1.9 | 2.3 |
| 制造业 | 21.1 | 20.9 | 21.5 |
| 电子电气设备制造业 | 4.8 | 4.6 | 4.8 |
| 机械设备制造业 | 2.9 | 3.1 | 3.3 |
| 医药及设备制造业 | 1.9 | 2.1 | 2.1 |
| 纺织、服装、皮革制造业 | 1.5 | 1.7 | 1.7 |
| 初级金属制造业 | 0.8 | 0.8 | 0.9 |
| 玻璃黏土、石灰水泥制品业 | 0.6 | 0.5 | 0.6 |

数据来源：麦可思－中国2018~2020届大学毕业生培养质量跟踪评价。

### （四）新兴岗位、新业态为毕业生就业创造新机会

新兴岗位成为制造业中就业需求增长亮点。在制造业就业的高职毕业生中，从事数字化岗位（与工业机器人、工业互联网、大数据、云计算、人工智能等相关的岗位）的占比不断提升，从2018届的5.6%上升到了2020届的7.7%（见图11-1）。毕业生的从业幸福感也高于其他岗位，2020届在制造业就业的高职毕业生从事数字化岗位的就业满意度为72%，比其他岗位（67%）高5个百分点。"互联网＋"和"数字经济"的蓬勃发展为产业转型变革提供

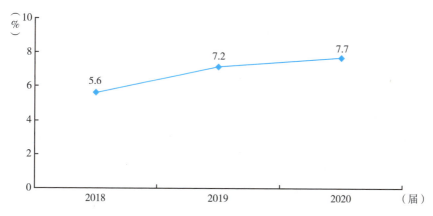

图 11-1　2018~2020 届在制造业就业的高职毕业生从事数字化岗位的占比

数据来源：麦可思－中国 2018~2020 届大学毕业生培养质量跟踪评价。

了强大推力，助力"中国制造"走向"中国智造"。

新业态新模式创造更多就业"出路"。具体来看，零售业、邮递/物流及仓储业对应届高职毕业生的吸纳水平持稳，受疫情影响较小（见表 11-5）。在 2020 年全年批发和零售业增加值比上一年下降的情况下，包括网上零售在内的新业态新模式增长较大①，也带动了物流的增长，这为毕业生创造了更多新的就业机会和就业空间。

| 表 11-5　2018-2020 届高职生在疫情影响较小的服务行业就业比例情况 | | | |
|---|---|---|---|
| 行业类名称 | 就业比例（%） | | |
| | 2018 届 | 2019 届 | 2020 届 |
| 零售业 | 6.6 | 6.4 | 6.6 |
| 邮递、物流及仓储业 | 1.6 | 1.5 | 1.6 |

数据来源：麦可思－中国 2018~2020 届大学毕业生培养质量跟踪评价。

---

① 《中华人民共和国 2020 年国民经济和社会发展统计公报》显示，全年批发和零售业增加值 95686 亿元，比上年下降 1.3%；网上零售额 117601 亿元，按可比口径计算，比上年增长 10.9%。

## 二 疫情对升学的影响

**专升本人数激增。**专升本扩招是 2020 年国家对冲疫情影响的重要举措之一，对于缓解就业压力、增加高水平技能人才储备具有重要意义。教育部数据显示，2020 年普通高校专升本扩招 32.2 万，比 2019 年翻了一番。在此背景下，2020 届高职生专升本人数猛增，专升本比例（15.3%）比 2019 届（7.6%）增加了 7.7 个百分点，比 2016 届增加了 10.4 个百分点（见图 11-2）。升学渠道对高职毕业生的分流作用显现，这较大程度上缓解了当年的就业总量压力。

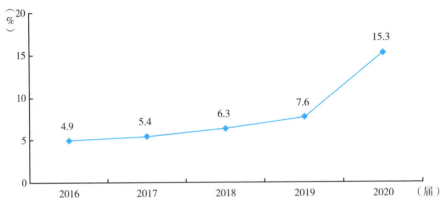

图 11-2　2016~2020 届高职毕业生读本科的比例变化趋势

数据来源：麦可思－中国 2016~2020 届大学毕业生培养质量跟踪评价。

## 三 疫情影响下的就业服务工作

疫情下高校就业帮扶工作的开展力度大幅加大，其相关工作成效显著，也获得了毕业生的较大认可。高校是促进毕业生就业的主体之一，其在疫情防控背景下开展的就业帮扶工作是确保毕业生顺利落实去向并实现高质量发展的重要前提。

数据显示，通过学校获得第一份工作的 2020 届高职生比例为 50%，较 2019 届增加了 7 个百分点，成效提升明显（见图 11-3）。

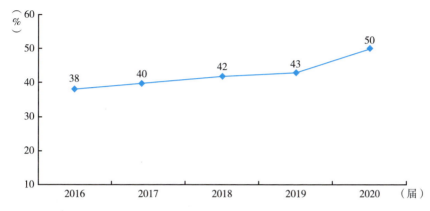

图 11-3　2016~2020 届高职生通过学校获得第一份工作的比例

数据来源：麦可思－中国 2016~2020 届大学毕业生培养质量跟踪评价。

同时，2020 届高职毕业生对学校就业指导服务的满意度达到了 89%，相比往年（2019 届 87%）进一步提升（见图 11-4）。高质量的就业指导工作对于毕业生就业质量，特别是就业满意度（2020 届为 69%，比 2019 届高 3 个百分点）的提升具有显著的积极影响（见图 11-5）。

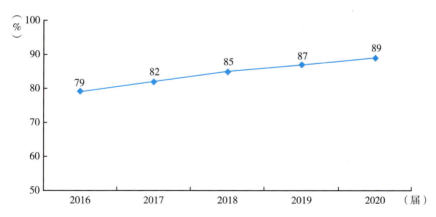

图 11-4　2016~2020 届高职生对学校就业指导满意度的变化趋势

数据来源：麦可思－中国 2016~2020 届大学毕业生培养质量跟踪评价。

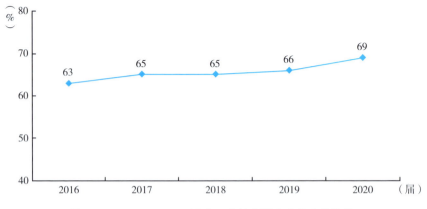

图 11-5  2016~2020 届高职生就业满意度的变化趋势

数据来源：麦可思 - 中国 2016~2020 届大学毕业生培养质量跟踪评价。

值得注意的是，疫情影响下线上招聘渠道作为线下招聘活动的重要补充被广泛关注和运用。不过，2020 届高职毕业生中仅有三成（31%）参与过学校组织的线上招聘会，参与度相比线下招聘会（54%）仍有较大的提升空间。对此，相关高校后续可有针对性地强化线上招聘会的组织和开展工作，以拓展就业服务工作的边界，从而更好地促进毕业生的就业落实与发展。

## 参考文献

《2020 届普通高校毕业生就业创业"百日冲刺"十大专项行动简介》，教育部，2020 年 5 月 6 日。

《中华人民共和国 2020 年国民经济和社会发展统计公报》，国家统计局，2021 年 2 月 28 日。

《人民日报评直播带货：激活消费一池春水》，《人民日报》2020 年 4 月 22 日。

# B.12
# 乡村振兴战略下的涉农人才培养分析

摘　要：人才振兴是乡村振兴战略的核心和关键环节。本专题通过对涉农人才的供需分析发现，农、林、牧、渔业对高职毕业生的需求增长，涉农专业应届高职毕业生"学农从农"意愿不断增强，对服务地方农业经济发展贡献较大，特别是农村家庭涉农专业毕业生反哺农业的贡献更多，长期从农意愿仍需提升；毕业生的从业满意度相对较高；在涉农专业人才培养上，仍需加强实习实践教学环节。

关键词：乡村振兴　涉农人才从农意愿　涉农人才培养

实施乡村振兴战略，是党的十九大报告中提出的七大战略之一。2021年2月，中共中央、国务院发布关于全面推进乡村振兴加快农业农村现代化的意见，明确指出加大涉农职业院校、涉农专业建设力度。

从近五年高职毕业生就业的行业来看，农、林、牧、渔业对高职毕业生的需求增长明显，毕业生在该领域就业的比例从2016届的1.5%上升到了2020届的2.3%。从农①的高职毕业生中，农林牧渔大类专业是主体，占六成以上。

本专题将从涉农专业②毕业生的从农意愿、就业质量、人才培养效果三

---

① 从农即在农、林、牧、渔业就业。
② 分析中的高职涉农专业即农林牧渔大类专业。

方面进行分析，反馈涉农人才培养关注点，为涉农专业建设和人才培养持续改进提供参考。

# 一 涉农专业毕业生从农意愿

## （一）涉农专业毕业生"学农从农"意愿增强

高职农林牧渔大类专业毕业生工作与专业相关度有明显提升。数据显示，近五届农林牧渔大类专业毕业生的工作与专业相关度从 2016 届的 56% 上升到 2020 届的 61%，增加了 5 个百分点（见图 12-1），与其他大类相比（平均 63%）差距在缩小，但仍有提升空间。

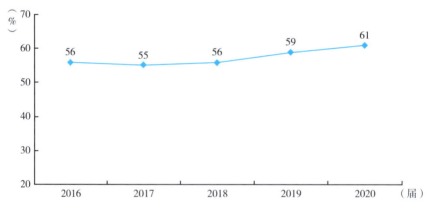

**图 12-1　2016~2020 届高职农林牧渔大类毕业生工作与专业相关度变化趋势**

数据来源：麦可思－中国 2016~2020 届大学毕业生培养质量跟踪评价。

高职农林牧渔大类专业毕业生从农的比例（即在农、林、牧、渔业就业，以下简称从农）也有明显提升。数据显示，近五届农林牧渔大类专业毕业生在毕业后选择从农的比例从 2016 届的 43.6% 上升到了 2020 届的 48.7%（见图 12-2）。乡村振兴需要一批爱农业、有知识、懂技术的专业人才投身农业农村现代化建设。

从农林牧渔大类下属的主要专业类来看，畜牧业类专业毕业生在涉农领域就业比例最高，近三届比例平均接近七成（67.4%）。但农业类、

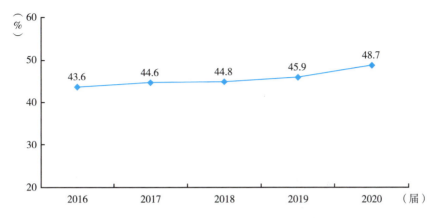

图 12-2　2016~2020 届高职农林牧渔大类毕业生从农的比例变化趋势

数据来源：麦可思－中国 2016~2020 届大学毕业生培养质量跟踪评价。

林业类专业从农比例低，近三届比例平均分别为 33.2%、23.3%（见表 12-1）。

| 表 12-1　2018~2020 届高职主要涉农专业类毕业生在农林牧渔业就业的比例 | |
| --- | --- |
| 专业类名称 | 就业比例（%） |
| 畜牧业类 | 67.4 |
| 农业类 | 33.2 |
| 林业类 | 23.3 |

注：渔业类专业因为样本较少，没有包括在内。

数据来源：麦可思－中国 2018~2020 届大学毕业生培养质量跟踪评价。

　　进一步分析可知，2020 届农业类毕业生未从事专业相关工作的主要原因中，"专业工作岗位招聘少"（23%）的问题突出，明显高于全国高职平均水平（12%）。随着全面推进乡村振兴、加快农业农村现代化，人才需求也会不断增加，该问题或将得到缓解，但人才培养是否与行业需求匹配仍值得农业类相关专业重点关注。2020 届林业类毕业生因为"迫于现实先就业再择业"（34%）和"达不到专业相关工作的要求"（16%）选择不从事与专业相关工作的问题较突出，高于全国高职平均水平（比例分别为 30%、14%）。建议林业类专业在注重提升培养质量的同时，也关注毕业生择业观的引导。

### （二）涉农专业农村家庭毕业生反哺农业的贡献更多

涉农专业毕业生对地方农业经济发展贡献更多。为更好地服务乡村振兴，需要更多涉农技能型人才深入基层、到产业发展的第一线。数据显示，2020届农林牧渔大类专业从农的毕业生有75%在地级及以下城市就业，明显高于全国高职平均水平（2020届为63%）。

涉农专业农村家庭毕业生从农的比例更高。从涉农专业不同家庭背景的毕业生来看，农村家庭毕业生毕业后选择在涉农领域就业比例（2020届为52.1%）明显高于其他家庭毕业生（2020届为44.0%），为服务地方农业经济发展贡献更多力量（见图12-3）。

图12-3　2016~2020届高职农林牧渔大类不同家庭毕业生从农的比例变化趋势

数据来源：麦可思－中国2016~2020届大学毕业生培养质量跟踪评价。

### （三）涉农专业毕业生"学农从农"的保留率仍有待提升

涉农专业从农毕业生工作三年后仍从农的比例偏低。在推动农业农村现代化建设的关键进程中，不仅需要吸引更多专业人才从农，更需要留住人才。数据显示，2017届"学农从农"的毕业生中，有73.8%的人在工作三年后仍留在涉农领域就业，与其他专业在专业相关领域的保留率（78%）相比偏低。

其中，农村家庭从农毕业生的该比例更高，三年后仍在涉农领域就业的比例为 77.6%（见表 12-2）。

表 12-2　2017 届高职农林牧渔大类毕业半年后从农的毕业生三年后仍从农的比例

| 农林牧渔大类半年后从农群体 | 三年后仍从农的比例（%） |
|---|---|
| 农村家庭毕业生 | 77.6 |
| 其他家庭毕业生 | 68.8 |
| 总计 | 73.8 |

数据来源：麦可思－中国 2017 届大学毕业生三年后职业发展跟踪评价，2017 届大学毕业生培养质量跟踪评价。

## 二　涉农专业毕业生就业质量

### （一）"学农从农"毕业生的就业满意度较高

涉农专业毕业生中从农人群的就业满意度较高。涉农经济在发展中对涉农专业人才的需求增长，带动了从农群体就业质量的提升。数据显示，近五届涉农专业从农的毕业生就业满意度（2020 届为 76%）均高于在其他行业领域就业群体（2020 届为 70%），也高于全国高职其他专业平均水平（2020 届为 69%）（见图 12-4）；从工作三年来看，2017 届"学农从农"毕业生工

图 12-4　2016~2020 届高职农林牧渔大类从农毕业生的就业满意度变化趋势

数据来源：麦可思－中国 2016~2020 届大学毕业生培养质量跟踪评价。

作三年后的就业满意度（74%）相比初入职场时（2017届半年后69%）也有提升。

### （二）"学农从农"毕业生的收入稳步增长

涉农专业毕业生中从农人群的月收入近五年稳步增长，从2016届的3490元增长到了2020届的4272元，整体上略高于在其他行业领域就业的毕业生月收入（见图12-5）。在工作三年以后，从农人群月收入优势更明显，2017届"学农从农"毕业生工作三年后的月收入为6440元，相比自身毕业半年后（3723元）的涨幅为73%，并且高于在其他行业领域就业的毕业生（三年后月收入6272元，相比半年后涨幅为70%）（见图12-6）。

图12-5　2016~2020届高职农林牧渔大类从农毕业生的月收入变化趋势

数据来源：麦可思－中国2016~2020届大学毕业生培养质量跟踪评价。

## 三　涉农专业毕业生培养效果

### （一）"学农从农"毕业生对教学的满意度略高

涉农专业从农毕业生对母校教学满意度略高。教学满意度是专业培养质量的综合体现。数据显示，近五届涉农专业从农的毕业生对教学的满意度

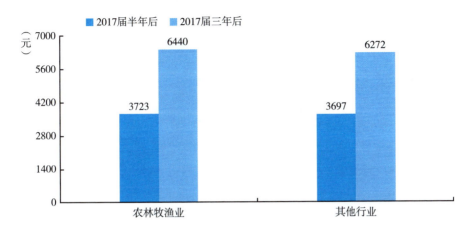

图 12-6　2017 届高职农林牧渔大类从农毕业生三年后的月收入与涨幅

数据来源：麦可思 - 中国 2017 届大学毕业生三年后职业发展跟踪评价，2017 届大学毕业生培养质量跟踪评价。

（2020 届为 93%）整体稳定，与其他专业（2020 届为 92%）相比略高（见图 12-7）。

在培养过程中需关注的是，当前毕业生认为实习和实践环节的改进需求（2020 届为 61%）仍较高，其他专业为 57%，完善实习和实践环节是解决涉农人才培养与现代农业生产脱节等问题的关键（见图 12-8）。

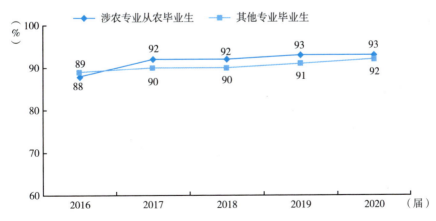

图 12-7　2016~2020 届高职农林牧渔大类从农毕业生对教学的满意度变化趋势

数据来源：麦可思 - 中国 2016~2020 届大学毕业生培养质量跟踪评价。

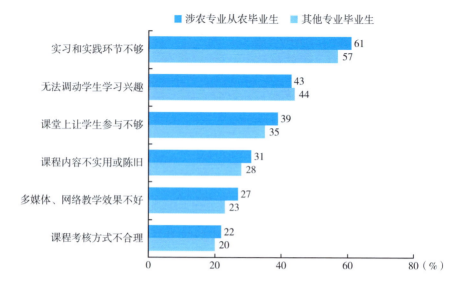

图12-8  2020届高职农林牧渔大类从农毕业生认为教学需要改进的地方（多选）

数据来源：麦可思－中国2020届大学毕业生培养质量跟踪评价。

从下属的主要专业类来看，农业类专业从农群体认为实习和实践环节不够的比例（65%）相对高（见表12-3），需要在专业教学过程中进一步疏通渠道、搭建平台，为学生创造更多实习和实践机会。

### 表12-3  2020届主要专业类从农毕业生认为"实习和实践环节不够"的比例

| 专业类名称 | 认为实习和实践环节不够的比例（%） |
|---|---|
| 农业类 | 65 |
| 畜牧业类 | 61 |
| 林业类 | 60 |

注：渔业类专业因为样本较少，没有包括在内。

数据来源：麦可思－中国2020届大学毕业生培养质量跟踪评价。

另外，通过对比不同类型院校农林牧渔大类从农毕业生的评价可以发现，农林类高职院校实践教学的开展效果相对较好，毕业生认为实习和实践环节不够的比例（60%）低于非农林类高职院校（63%）。对此，非农林类院校的涉农专业在培养过程中可参考农林类高职院校教学实践，改进课程教学。

## （二）农业类专业授课效果有待提升

涉农专业从农毕业生认为核心课程设置与授课效果基本能够满足工作需要。课程教学是保障人才培养质量的基础，核心课程重要度和满足度分别反映了专业核心课程设置的合理性和授课效果。数据显示，2020届高职农林牧渔大类毕业生中，从农群体对专业核心课程的重要度、满足度评价分别为89%、84%，与全国高职其他专业的核心课程重要度（89%）、满足度（83%）基本持平（见图12-9）。

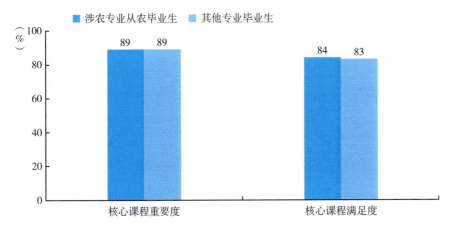

图 12-9  2020 届高职农林牧渔大类从农毕业生对核心课程的重要度和满足度评价

数据来源：麦可思－中国 2020 届大学毕业生培养质量跟踪评价。

从下属的主要专业类来看，畜牧业类专业从农人群对专业核心课程的重要度、满足度评价均较高；农业类专业从农人群对专业核心课程的满足度评价（78%）相对较低，提升授课效果是农业类专业教学亟须改进的重点（见表12-4）。

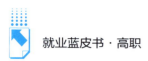
表12-4　2020届高职主要专业类从农毕业生对核心课程的重要度和满足度评价

单位：%

| 专业类名称 | 课程重要度 | 课程满足度 |
| --- | --- | --- |
| 畜牧业类 | 89 | 84 |
| 农业类 | 89 | 78 |
| 林业类 | 87 | 83 |
| 农林牧渔大类平均 | 89 | 84 |

注：渔业类专业因为样本较少，没有包括在内。
数据来源：麦可思－中国2020届大学毕业生培养质量跟踪评价。

## 参考文献

冯超、孟宪生:《涉农人才培养短板在哪》，人民论坛，2019年7月31日。

董海燕、吉文林、沈璐:《畜牧业类技术技能人才需求状况分析》，《中国职业技术教育》2020年第23期。

《中共中央国务院关于全面推进乡村振兴加快农业农村现代化的意见》，2021年1月4日。

# 附　录

## Appendix

# B.13
# 技术报告

## 一　数据介绍

### （一）评价覆盖面

2021 年度麦可思 – 全国大学毕业生跟踪评价涵盖以下三类。

第一，2020 届高职毕业生毕业半年后培养质量的跟踪评价，于 2021 年 3 月初完成，全国高职生样本为 14.4 万。覆盖了 582 个高职专业，覆盖了全国 30 个省、自治区和直辖市，覆盖了高职毕业生从事的 554 个职业、332 个行业。

第二，麦可思曾对 2017 届高职毕业生进行毕业半年后培养质量的跟踪评价（2018 年初完成，全国高职生样本约 15.0 万）[1]。2020 年底对此全国样本进

① 麦可思研究院编著《2018 年中国高职高专生就业报告》，社会科学文献出版社，2018。

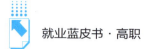
行了三年后的再次跟踪评价；全国高职生样本约 3.1 万，覆盖了 532 个高职专业，覆盖了全国 30 个省、自治区和直辖市，覆盖了高职毕业生从事的 594 个职业、321 个行业。

第三，麦可思曾对 2015 届大学毕业生进行过毕业半年后、三年后的跟踪评价，2020 年底对此全国样本进行了五年后的第三次跟踪评价，旨在通过更长的时间跨度观察毕业生的发展变化。全国高职生样本约 1.4 万，覆盖了全国 30 个省、自治区和直辖市。

### （二）评价对象

毕业半年后（2020 届）、三年后（2017 届）和五年后（2015 届）的高职毕业生：包括"双高"院校、其他高职院校的毕业生。

### （三）评价方式

分别向毕业半年后的 2020 届高职毕业生、毕业三年后的 2017 届高职毕业生和毕业五年后的 2015 届高职毕业生以电子邮件方式发放答题邀请函、问卷客户端链接，三类调查的问卷不同。答卷人回答问卷，答题时间为 10 ~ 30 分钟。

## 二 研究概况

### （一）研究目的

1. 了解高职毕业生的就业状态及就业质量，发现其在满足社会需求方面存在的问题；

2. 了解高职毕业生的自主创业、升学以及未就业的状况；

3. 了解高职毕业生的行业职业变迁、晋升、薪资增长情况；

4. 了解高职毕业生对母校的满意程度以及反馈。

## （二）研究样本

本研究需提醒读者注意以下几点：

1. 答题通过电子问卷客户端实现，未被邀请的答题将视为无效。

2. 本研究对答题和未答题的样本进行了检验，没有发现存在自我选择性样本偏差问题（Self-selection Bias）①。

3. 对于样本中与实际比例的明显差异可能带来的统计误差，本研究采用权数加以修正（即对回收的全国总样本，基于学历、地区、院校类型、专业的实际分布比例进行再抽样）。再抽样后的样本分布与实际分布见表1至表6，大学毕业生的实际分布比例来自中华人民共和国国家统计局网站。

| 表1　2020届各经济区域高职毕业生样本人数分布与实际人数分布对比 单位：% | | |
| --- | --- | --- |
| 各经济区域 | 2020届高职样本人数比例 | 2020届高职毕业生实际人数比例 |
| 泛渤海湾区域经济体 | 20.2 | 20.1 |
| 泛长江三角洲区域经济体 | 19.7 | 19.8 |
| 中原区域经济体 | 18.9 | 19.0 |
| 西南区域经济体 | 14.4 | 14.4 |
| 泛珠江三角洲区域经济体 | 14.3 | 14.1 |
| 陕甘宁青区域经济体 | 5.6 | 5.6 |
| 东北区域经济体 | 5.4 | 5.5 |
| 西部生态经济区 | 1.5 | 1.5 |

数据来源：麦可思－中国2020届大学毕业生培养质量跟踪评价，中华人民共和国国家统计局。

---

① 自我选择性样本偏差问题：是指调查中存在某类群体选择答题的概率和其他群体有明显不同。例如，就业的毕业生可能更容易选择参与答题，而没有就业的学生可能不愿意参加答题等。

表2    2020届各省份高职毕业生样本人数分布与实际人数分布对比

单位：%

| 省份 | 2020届高职样本人数比例 | 2020届高职毕业生实际人数比例 |
| --- | --- | --- |
| 安徽 | 4.3 | 4.2 |
| 北京 | <1.0 | 0.7 |
| 福建 | 2.2 | 2.2 |
| 甘肃 | 1.6 | 1.6 |
| 广东 | 7.5 | 7.4 |
| 广西 | 4.0 | 3.9 |
| 贵州 | 2.9 | 3.0 |
| 海南 | <1.0 | 0.6 |
| 河北 | 5.1 | 5.1 |
| 河南 | 8.8 | 8.9 |
| 黑龙江 | <1.0 | 1.7 |
| 湖北 | 4.9 | 4.8 |
| 湖南 | 5.2 | 5.3 |
| 吉林 | 2.0 | 1.5 |
| 江苏 | 6.2 | 6.2 |
| 江西 | 4.6 | 4.6 |
| 辽宁 | 3.1 | 2.3 |
| 内蒙古 | 1.8 | 1.8 |
| 宁夏 | <1.0 | 0.4 |
| 青海 | <1.0 | 0.3 |
| 山东 | 8.7 | 8.7 |
| 山西 | 2.3 | 2.4 |
| 陕西 | 3.3 | 3.3 |
| 上海 | 1.5 | 1.2 |
| 四川 | 6.0 | 5.7 |
| 天津 | 1.8 | 1.5 |
| 西藏 | <1.0 | 0.1 |
| 新疆 | 1.5 | 1.4 |
| 云南 | 3.1 | 3.1 |
| 浙江 | 3.0 | 3.5 |
| 重庆 | 2.4 | 2.6 |

注：表中样本人数比例小于1.0%的数值均用"<1.0"表示，下同。

数据来源：麦可思-中国2020届大学毕业生培养质量跟踪评价，中华人民共和国国家统计局。

表3 2020届各专业大类高职毕业生样本人数分布与实际人数分布对比

单位：%

| 高职专业大类 | 2020届高职样本人数比例 | 2020届高职毕业生实际人数比例 |
|---|---|---|
| 财经商贸大类 | 20.0 | 19.3 |
| 医药卫生大类 | 13.9 | 13.4 |
| 电子信息大类 | 13.4 | 12.5 |
| 装备制造大类 | 11.8 | 11.3 |
| 教育与体育大类 | 9.3 | 11.9 |
| 土木建筑大类 | 7.9 | 7.4 |
| 交通运输大类 | 5.4 | 6.5 |
| 文化艺术大类 | 4.6 | 4.6 |
| 旅游大类 | 3.3 | 3.1 |
| 农林牧渔大类 | 2.0 | 1.7 |
| 食品药品与粮食大类 | 1.7 | 1.6 |
| 资源环境与安全大类 | 1.4 | 1.1 |
| 能源动力与材料大类 | 1.3 | 1.0 |
| 生物与化工大类 | 1.1 | 0.8 |
| 公共管理与服务大类 | 1.0 | 0.9 |
| 新闻传播大类 | <1.0 | 0.8 |
| 水利大类 | <1.0 | 0.4 |
| 公安与司法大类 | <1.0 | 1.2 |
| 轻工纺织大类 | <1.0 | 0.5 |

数据来源：麦可思-中国2020届大学毕业生培养质量跟踪评价，中华人民共和国国家统计局。

表4 2017届各经济区域高职毕业生三年后样本人数分布与实际人数分布对比

单位：%

| 各经济区域 | 2017届高职毕业三年后样本人数比例 | 2017届高职毕业生实际人数比例 |
|---|---|---|
| 泛渤海湾区域经济体 | 20.8 | 20.5 |
| 泛长江三角洲区域经济体 | 19.7 | 20.0 |
| 中原区域经济体 | 17.6 | 17.5 |
| 泛珠江三角洲区域经济体 | 14.6 | 15.2 |
| 西南区域经济体 | 13.6 | 13.0 |
| 东北区域经济体 | 6.3 | 6.5 |
| 陕甘宁青区域经济体 | 6.0 | 5.9 |
| 西部生态经济区 | 1.4 | 1.4 |

数据来源：麦可思-中国2017届大学毕业生三年后职业发展跟踪评价，中华人民共和国国家统计局。

表5 2017届各省份高职毕业生三年后样本人数分布与实际人数分布对比

单位：%

| 省份 | 2017届高职毕业三年后样本人数比例 | 2017届高职毕业生实际人数比例 |
|---|---|---|
| 安徽 | 5.6 | 4.7 |
| 北京 | <1.0 | 0.9 |
| 福建 | 2.6 | 2.6 |
| 甘肃 | 2.0 | 1.7 |
| 广东 | 7.7 | 8.1 |
| 广西 | 3.5 | 3.7 |
| 贵州 | 1.4 | 2.2 |
| 海南 | <1.0 | 0.8 |
| 河北 | 5.1 | 4.6 |
| 河南 | 7.1 | 7.1 |
| 黑龙江 | <1.0 | 2.1 |
| 湖北 | 5.6 | 5.6 |
| 湖南 | 4.9 | 4.8 |
| 吉林 | 1.1 | 1.6 |
| 江苏 | 6.2 | 5.7 |
| 江西 | 2.2 | 4.6 |
| 辽宁 | 4.3 | 2.8 |
| 内蒙古 | 1.8 | 1.7 |
| 宁夏 | <1.0 | 0.4 |
| 青海 | <1.0 | 0.2 |
| 山东 | 9.5 | 8.9 |
| 山西 | 1.8 | 2.7 |
| 陕西 | 3.6 | 3.6 |
| 上海 | 1.4 | 1.5 |
| 四川 | 6.2 | 6.0 |
| 天津 | 1.8 | 1.7 |
| 西藏 | <1.0 | 0.1 |
| 新疆 | 1.4 | 1.3 |
| 云南 | 3.1 | 2.1 |
| 浙江 | 4.3 | 3.5 |
| 重庆 | 2.8 | 2.7 |

数据来源：麦可思－中国2017届大学毕业生三年后职业发展跟踪评价，中华人民共和国国家统计局。

表6 2017 届各专业大类高职毕业生三年后样本人数分布与实际人数分布对比

单位：%

| 高职专业大类 | 2017 届高职毕业三年后样本人数比例 | 2017 届高职毕业生实际人数比例 |
|---|---|---|
| 财经商贸大类 | 22.1 | 22.0 |
| 装备制造大类 | 13.1 | 12.0 |
| 土木建筑大类 | 11.9 | 11.0 |
| 电子信息大类 | 9.6 | 9.0 |
| 医药卫生大类 | 8.6 | 11.9 |
| 教育与体育大类 | 8.3 | 10.3 |
| 交通运输大类 | 5.4 | 4.9 |
| 文化艺术大类 | 4.4 | 4.8 |
| 旅游大类 | 4.1 | 3.0 |
| 食品药品与粮食大类 | 2.4 | 1.6 |
| 资源环境与安全大类 | 2.1 | 1.6 |
| 生物与化工大类 | 1.8 | 1.2 |
| 农林牧渔大类 | 1.7 | 1.6 |
| 能源动力与材料大类 | 1.1 | 1.2 |
| 公共管理与服务大类 | <1.0 | 0.9 |
| 水利大类 | <1.0 | 0.4 |
| 公安与司法大类 | <1.0 | 1.3 |
| 新闻传播大类 | <1.0 | 0.8 |
| 轻工纺织大类 | <1.0 | 0.5 |

数据来源：麦可思－中国2017届大学毕业生三年后职业发展跟踪评价，中华人民共和国国家统计局。

# 致　谢

《2021 年中国高职生就业报告》是麦可思第十三年出版的就业蓝皮书，报告进一步对内容、结构、体例做出完善，以数据和图表来呈现分析结果，读者可以从自己的专业角度对某一数据或图表背后的因果关系进行深度解读。

特别感谢帮助完善本年度报告的高等教育管理者和研究者，在此不一一具名。报告中所有的错误由作者唯一负责。感谢读者阅读本报告。限于篇幅，报告仅提供部分数据，如需了解更详细的内容，请联系作者（research@mycos.com）。

**权威报告·一手数据·特色资源**

# 皮书数据库
## ANNUAL REPORT(YEARBOOK)
## DATABASE

## 分析解读当下中国发展变迁的高端智库平台

### 所获荣誉

- 2019年，入围国家新闻出版署数字出版精品遴选推荐计划项目
- 2016年，入选"'十三五'国家重点电子出版物出版规划骨干工程"
- 2015年，荣获"搜索中国正能量 点赞2015""创新中国科技创新奖"
- 2013年，荣获"中国出版政府奖·网络出版物奖"提名奖
- 连续多年荣获中国数字出版博览会"数字出版·优秀品牌"奖

### 成为会员

通过网址www.pishu.com.cn访问皮书数据库网站或下载皮书数据库APP，进行手机号码验证或邮箱验证即可成为皮书数据库会员。

### 会员福利

- 已注册用户购书后可免费获赠100元皮书数据库充值卡。刮开充值卡涂层获取充值密码，登录并进入"会员中心"—"在线充值"—"充值卡充值"，充值成功即可购买和查看数据库内容。
- 会员福利最终解释权归社会科学文献出版社所有。

数据库服务热线：400-008-6695
数据库服务QQ：2475522410
数据库服务邮箱：database@ssap.cn
图书销售热线：010-59367070/7028
图书服务QQ：1265056568
图书服务邮箱：duzhe@ssap.cn

社会科学文献出版社 皮书系列
SOCIAL SCIENCES ACADEMIC PRESS (CHINA)
卡号：535799875424
密码：

**基本子库**
**SUB DATABASE**

## 中国社会发展数据库（下设 12 个子库）

整合国内外中国社会发展研究成果，汇聚独家统计数据、深度分析报告，涉及社会、人口、政治、教育、法律等 12 个领域，为了解中国社会发展动态、跟踪社会核心热点、分析社会发展趋势提供一站式资源搜索和数据服务。

## 中国经济发展数据库（下设 12 个子库）

围绕国内外中国经济发展主题研究报告、学术资讯、基础数据等资料构建，内容涵盖宏观经济、农业经济、工业经济、产业经济等 12 个重点经济领域，为实时掌控经济运行态势、把握经济发展规律、洞察经济形势、进行经济决策提供参考和依据。

## 中国行业发展数据库（下设 17 个子库）

以中国国民经济行业分类为依据，覆盖金融业、旅游、医疗卫生、交通运输、能源矿产等 100 多个行业，跟踪分析国民经济相关行业市场运行状况和政策导向，汇集行业发展前沿资讯，为投资、从业及各种经济决策提供理论基础和实践指导。

## 中国区域发展数据库（下设 6 个子库）

对中国特定区域内的经济、社会、文化等领域现状与发展情况进行深度分析和预测，研究层级至县及县以下行政区，涉及省份、区域经济体、城市、农村等不同维度，为地方经济社会宏观态势研究、发展经验研究、案例分析提供数据服务。

## 中国文化传媒数据库（下设 18 个子库）

汇聚文化传媒领域专家观点、热点资讯，梳理国内外中国文化发展相关学术研究成果、一手统计数据，涵盖文化产业、新闻传播、电影娱乐、文学艺术、群众文化等 18 个重点研究领域。为文化传媒研究提供相关数据、研究报告和综合分析服务。

## 世界经济与国际关系数据库（下设 6 个子库）

立足"皮书系列"世界经济、国际关系相关学术资源，整合世界经济、国际政治、世界文化与科技、全球性问题、国际组织与国际法、区域研究 6 大领域研究成果，为世界经济与国际关系研究提供全方位数据分析，为决策和形势研判提供参考。

# 法律声明

"皮书系列"（含蓝皮书、绿皮书、黄皮书）之品牌由社会科学文献出版社最早使用并持续至今，现已被中国图书市场所熟知。"皮书系列"的相关商标已在中华人民共和国国家工商行政管理总局商标局注册，如LOGO（ ）、皮书、Pishu、经济蓝皮书、社会蓝皮书等。"皮书系列"图书的注册商标专用权及封面设计、版式设计的著作权均为社会科学文献出版社所有。未经社会科学文献出版社书面授权许可，任何使用与"皮书系列"图书注册商标、封面设计、版式设计相同或者近似的文字、图形或其组合的行为均系侵权行为。

经作者授权，本书的专有出版权及信息网络传播权等为社会科学文献出版社享有。未经社会科学文献出版社书面授权许可，任何就本书内容的复制、发行或以数字形式进行网络传播的行为均系侵权行为。

社会科学文献出版社将通过法律途径追究上述侵权行为的法律责任，维护自身合法权益。

欢迎社会各界人士对侵犯社会科学文献出版社上述权利的侵权行为进行举报。电话：010-59367121，电子邮箱：fawubu@ssap.cn。

社会科学文献出版社